JN050442

実践・小学校生活科指導法

Living Environment Studies

田村　学　編著

加藤　　智
神永　典郎
久野　弘幸
齊藤　和貴
齋藤　　等
齋藤　博伸
鈴木美佐緒
中田　正弘
西野雄一郎
寶來生志子
三田　大樹
渡邉　　巧

学文社

執　筆　者

＊田村　　学	國學院大學教授	（第 1, 2, 3 章）
加藤　　智	愛知淑徳大学准教授（文部科学省教科調査官）	（第 4 章）
神永　典郎	白百合女子大学教授	（第 5 章）
齋藤　　等	東京成徳大学特任教授	（第 6 章）
中田　正弘	白百合女子大学教授	（第 7 章）
齋藤　博伸	文部科学省教科調査官	（第 8 章）
齊藤　和貴	京都女子大学准教授	（第 9 章）
三田　大樹	西東京市教育委員会教育部主幹	（第 10 章）
西野雄一郎	愛知教育大学准教授	（第 11 章 1, 2）
鈴木美佐緒	宮城教育大学講師	（第 11 章 3）
渡邉　　巧	広島大学大学院准教授	（第 12 章）
寳來生志子	東海大学准教授	（第 13 章）
久野　弘幸	中京大学教授	（第 14, 15 章）

（＊は編者，執筆順，所属は 2024 年 3 月現在）

はじめに

平成の時代が終わり，令和も数年が経過しようとしている。平成元年は，教育課程の基準の改訂が行われ，新しい学習指導要領が示された年である。このときの最大の出来事は，小学校における「生活科」の誕生である。小学校の低学年において，既存の社会科と理科を廃止し，新しい教科「生活科」を設置した。それまでは，教師がいかに教えるかが重視され，指導する側の論理が優先される傾向があった。そのようななか，小学校の低学年において，「具体的な活動や体験を通して」学ぶ生活科が生まれた。子供を中心とした，子供の論理を優先する教科が生まれた。このことと，明治維新以来と言われる現在の学習指導要領改訂とは深く関係している。中央教育審議会の論点整理（平成27年8月）には，「指導すべき個別の内容事項の検討に入る前に，まずは学習する子供の視点に立ち，教育課程全体や各教科等の学びを通じて『何ができるようになるのか』という観点から，育成すべき資質・能力を整理する必要がある。その上で，整理された資質・能力を育成するために『何を学ぶのか』という，必要な指導内容を検討し，その内容を『どのように学ぶのか』という，子供たちの具体的な学びの姿を考えながら構成していく必要がある。」と記されている。

実際の社会で活用できる「資質・能力」の育成のためには，「学習する子供の視点」に立って検討する必要がある。このことは，「生活科」誕生の理念と共通である。その意味では，平成の時代は，「生活科」という新教科の誕生に始まり，その理念を教育課程全体に広げてきた30年間であると考えることもできる。もちろん，子供中心の考えは，放任や野放しを意味し，教師の指導性を放棄するものではない。むしろ，教師の指導性は一層重視され，その質的向上が求められている。今まで以上に，一人一人の子供の主体性や多様性を踏まえた，より高度な指導が求められている。

本書は，平成の時代をかけて蓄積し，磨き上げてきた「生活科」実践の指南書である。とりわけ教員養成の場におけるテキストとなることを意識して作成した。学生はもちろん，学校現場の実践者にも大いに活用していただけるものと自負している。なお，本書の構想に当たっては，著者の一人である白百合女子大学の中田正弘さんにお力添えをいただいた。全体構成は中田先生のご意見を参考に整理している。また，原稿のとりまとめや編集作業に当たっては，学文社の落合絵理さんに支えていただいた。丁寧で誠実な仕事ぶりに何度も励まされ，背中を押していただいた。この一冊が多くの実践の参考になることを期待するとともに，全国の子供の豊かな学びの実現に寄与することを強く願っている。

2024 年 1 月

編者　田村　学

目　次

第2部　生活科の学習指導の基礎

第３部　生活科の実践に向けて

第４部　より豊かな学びを創造するために

第1部

生活科の意義と特徴

第1章　生活科が目指すもの

1.1　はじめに

生活科が誕生して30年以上が経過した。この長い年月が，新教科の新設という歴史的な出来事を明確に評価している。つまり，生活科を新設することに対する多くの反対や様々な不安は，確実に払拭された。

もちろん，現在の生活科に改善の余地がないわけではない。目指していた理想的な実践が行われている学校ばかりではないかもしれない。しかし，生活科を学んだ子供たちは30歳を超える年代にまで成長し，着実に社会を支える人材になってきている。生活科を学んだ若き世代は，豊かな感性や価値観，確かな行動力などによってしっかりと社会を担い始めている。

ここでは，データや子供の姿を通して，生活科が目指すものを明らかにしていきたい。

1.2　調査結果に見る生活科の誕生とその成果

生活科を学んできた世代には，「生活科を通して，私は自然の見方が変わりました。地域の人との関わり方も学びました。生活科が私の原点です」などと語る人もいる。ここでは，エピソードだけではなく数値等によって示されている成果を概観してみたい。

平成15･16年科学研究費補助金基盤研究において野田らは「生活科で育った学力についての調査研究」を行っている。小学校3･6年生，中学校3年生，高等学校3年生の合計2,544人の生活科経験者を対象にした調査研究である。

そこでは，すべての調査対象者の81.7%が生活科を「大好き」「やや好き」と回答しており，多くの子どもが生活科に対して高い好感度をもっていることが分かった。また，心に残る生活科の活動を聞いたところ「アサガオやチューリップなどの草花やミニトマトやキューリなどの野菜を育てた」「校内のいろいろな教室や場所を探検したり，先生など学校で働いている人と話をしたりした」「通学路や学校の周りを歩いたり，近くの公園や野原などに出かけたりした」などが上位にあり，生活科の内容 (1)「学校と生活」，内容 (7)「動植物の飼育・栽培」などが記憶に残っていることが明らかになっている。

さらに，生活科で身に付いた力を調べたところ「動物を飼ったり，植物を育てたりするなど生き物に親しむことができるようになった」「自分の得意なことや友達のよいところに気付くことができるようになった」「みんなで一つのことをすることの楽しさを知り，協力することができるようになった」「健康に気をつけたり，あいさつをしたりなど生活をしていく上で大切な習慣が身に付いた」などが上位となり，実社会や実生活で求められる資質や能力が育ったと回答していることが分かった。

こうしたことから，体験活動を重視した生活科が着実に実践され，その中で実社会や実生活で求められる資質や能力が身に付いたと考えている子供が多いことが明らかになった。

つまり，戦後初めて教科の改廃を含む新教科として誕生した生活科は，これからの社会で求められる資質や能力の育成に寄与することが，生活科を学んだ子供の意識調査から明確になった。

学びのポイント
自らが小学校1年生や2年生の時の生活科の授業を思い出してみよう。そして，どのような資質・能力が育ったかを話し合ってみよう。

1.3　子供の姿に見る生活科の取組とその成果

(1) 知識・技能を習得し習慣を身に付ける

生活科に見られる特徴は，体験活動を重視していることにある。学習指導要領において，教科目標に「具体的な活動や体験を通して，身近な見方・考え方を生かし，自立し生活を豊かにしていくための資質・能力を次の通り育成することを目指す。」とある。また，その取扱いでは「地域の人々，社会及び自然を生かすとともに，それらを一体的に扱うよう学習活動を工夫すること」としている。

これらの体験活動は，身体全体を使って繰り返し行うことが多い。例えば，アサガオの栽培活動を行うとすれば，毎日アサガオの世話をすることになる。そこでは，アサガオの生育を絶えず何度も何度も観察することにつながる。また，アサガオのための水やりや蔓が伸びるための世話の技術も繰り返し経験することにつながる。知識・技能の習得のための方策は，極めて単純に言えば繰り返し反復することにある。そのことによって，安定的に，即座に，間違うことなく知識を再生したり，技能を再現したりできるようになることを期待していると考えることができよう。そう考えるならば，毎日のアサガオの世話を通して，子供はアサガオの生育に対する知識を確かに習得するであろうし，栽培のための技術をしっかりと身に付けるであろうと予想できる。

しかも，こうした繰り返し反復する活動が，身体全体を使って行われるとともに，自らの意志の下で行われていることに大きな価値がある。私たちの記憶は，大きく短期記憶と長期記憶に分けられる。しかも，長期記憶には手続き記憶，意味記憶，エピソード記憶があり，エピソード記憶がより長期にわたって保持される傾向にある。こうしたことから考えれば，身体全体を使って行う体験活動が，より一層の知識・技能の習得につながることは容易に理解できる。さらに，他者の指示によってやらされている活動ではなくて，自ら主体的に取り組む学習，つまり本人にとって意味のあるいわゆる有意味な学習を行ってることも知識・技能の習得に有効であることが明らかになってきた。自ら主体的に取り組む体験活動，身体全体を使って行う体験活動が，確かな基礎的・基本的な知識・技能の習得につながり，期待される習慣や技能を身に付けることにつながるのである。

(2) 自ら考え，気付きの質を高める

生活科の授業でかざぐるまを作った子供が，友達に向かって二人で一緒にかざぐるまを回して見せた。すると子供は次々に発言をつなげていった。

「先生，かざぐるまの回り方が違うよ」

「本当だ」

「かざぐるまの紙の厚さのせいかな」

「作り方が違ったからかな」

「きっと羽の大きさが違うからだよ。広い方がよく回ると思うな」

「隙間の違いじゃないかな。だって，隙間があいていると風が逃げるでしょ。隙間がない方がよく回るはずだよ。」

こうして子供は二つのかざぐるまの回り方を比較しながら，その違いの原因を明らかにしようと真剣に考えた。このように子供が考えるということは，収集したり入力したりした情報を比較・分類・関連付けなどして処理したり再構成したりして，そこに新しい関係や傾向を見いだすことであると考

えることができる。と同時に，そこでは一人一人の気付きが質的に高まっている。

こうした姿を実現するためには，心がけておかなければならないことがある。その一つは，思考力という言葉を具体化することである。思考力という言葉はあまりにもビッグワード過ぎる。例えば，比べて考える，分類して考える，関連付けて考えるなど，具体化しておかなければ思考力育成の実現可能性は高まらない。もう一つは，具体化した思考力を育成する手立てを用意することである。そのためには表現活動を行うことが重要になる。思考力のような高次な能力を育成するためには，「覚えておきなさい」などとしても難しい。習得のための暗記・再生型の授業を繰り返していても思考力，判断力，表現力などの実社会で活用できる能力を育成することは難しい。また，自ら気付き，その気付きの質を高めていくことができるとは考えにくい。

思考力などの能力を育成し，気付きの質を高めるためには，自らの思いや願いの実現に向けて考えを巡らせる場面を用意することが必要となる。ここに表現活動を位置付ける必然性が生まれてくる。とりわけ低学年の子供においては，思考と表現は一体となっており，表現活動を行うことによって存分に思考力が発揮され育成されていく。

体験活動で得られたたくさんの情報を，言葉や絵などを使った多様な表現活動によって処理し，質の高い気付きを生み出していく。この繰り返しが一人一人の子供の確かな資質・能力を育成していく。

(3) 手応えをつかみ，学びに向かう

次の子供の文章に，学びに向かう姿を見いだすことができる。

「わたしはメダカ，ヤゴ，ザリガニなどをかっていろいろひみつがわかりました。そして，「すごい」と思ったことがいっぱいあります。だから，これからも生き物をかってもっともーっとひみつしらべをしたいです。」

「もっと」「もっともーっと」という子供の言葉に，意欲の高まりが端的に表れている。一般的に子供は，不思議だなと思う好奇心，自分のことは自分でやりたいと思う自立的欲求，人のためになることをしたいと思う向社会的欲求が動機付けとなって活動に取り組む。例えば，２年生が栽培活動を始めるとき，こんな発言が続く。

「２年生になったんだから，今度は野菜を育てたいな」

「自分の好きな野菜を育て？みたいな」

「大きくなったら家の人にも食べてほしいな。みんなでパーティーをしようよ」

こうして一人一人の選んだ夏野菜の栽培が始まる。大切なことは，栽培活動を終えた後の手応え感覚（①充実感，②達成感，③自己有能感，④一体感）を得ることである。「すがすがしい」「気持ちいい」などの充実感，「分かった」「できたな」などの達成感，「前よりうまくいった」「成長したな」などの自己有能感，「一緒でよかった」「みんながいたから」などの一体感を感じ取ることが大切になる。学習活動後に手応え感覚を味わうことができると「またやりやいな」「もっとやりたいな」と意欲を高めていく*1（図 1-1）。

＊1　櫻井茂男ら（2009）は，動機付けのプロセスの三つの要因を「研究・動機」「学習行動」「認知・感情」とし，このプロセスが駆動し続けることの大切さを明らかにしている。

生活科では，思いや願いの実現に向けて取り組んでいく。その中で，子供は先に示した手応え感覚を存分に味わう機会を得ることができる。そうした好ましい循環を何度も何度も経験することで，安定的な心的傾向性，つまり態度を形成することができる。いつも前向きであること，少々の困難にも挑戦できること，仲間とともに取り組めることなどの好ましい態度，意欲的な子どもの姿は，生まれながらにそうであると考えるだけではなく，それに加えて，学習活動によって形成されていくものであると考えることが大切である。

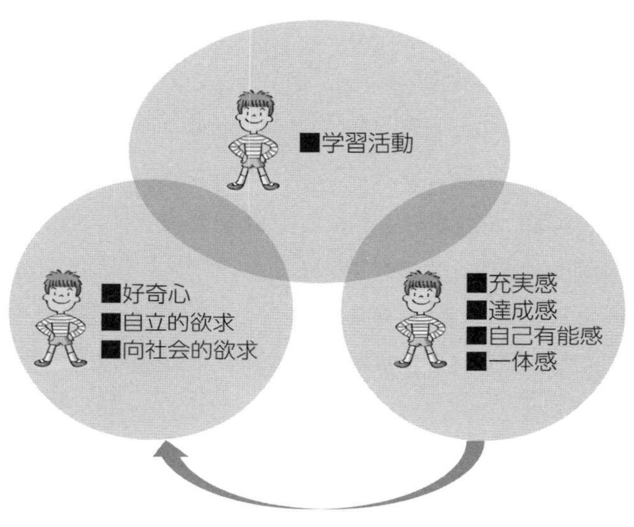

図 1-1　学習意欲を育成するサイクル

生活科でこそ，学ぼうとする学習意欲や主体的に取り組む学習態度を育てていくことができるはずである。さらに付け加えると，思いや願いの実現や，問題解決の場面でこそ先に示したエピソード記憶となって記憶は保持される。学習意欲と知識・技能の習得には，深い関係があることにも私たちは注目すべきであろう。

1.4　生活科の学習活動で大切にしてきたもの

(1) 生活科における学習活動のプロセス

1.2，1.3 において，生活科が実現してきた成果や生活科が期待する子供の姿を明示してきた。そのことこそが，生活科が目指すものであると考えることができる。そして，その姿の実現のためには，例えば，自ら主体的に取り組む体験活動を行うこと，身体全体を使って体験活動に没頭すること，思いや願いの実現に向けて取り組むこと，多様な表現活動を行うこと，目的意識や相手意識をもって表現すること，地域の人と関わり問題の解決を行うことなどが欠かせない。すなわち，思いや願いの実現に向けた一連の学習活動が充実すること，いわゆる学習活動のプロセスが大切になってくる。

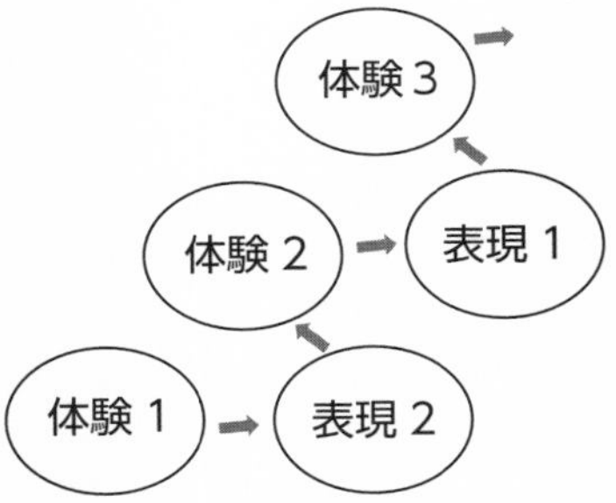

生活科においては，体験活動と表現活動との相互作用を重視した学習プロセスを意識したい（**図1-2**）。そもそも生活科では，体験活動を質的に高めていくことが大切になる。しかし，闇雲に体験活動を繰り返していれば高まるというわけでもない。例えば，町探検をしてきた後に発見したことを伝え合う。そのことで新しい疑問が生まれ，再び町探検に出かけたくなる。こうした体験活動と表現活動との相互作用が，生活科の学習を質的に高めていく。

図1-2　体験活動と表現活動が相互に作用するプロセス

(2) プロセスを充実させるインタラクションとリフレクション

先に示したプロセスがさらに充実するためにも協働的な学習であることが欠かせない。つまり，一人で思いや願いを実現するだけではなく，仲間や友達，地域の人などと協働して取り組む他者がいることによって，学習のプロセスは充実していく（インタラクション）。このインタラクションには，次のような価値がある。

一つは，ともに学ぶ仲間がいることで一体感が生まれ，多くの情報が集まることにある。情報量の多さは，その後の学習活動の質を大きく決定付ける。二つは，ともに学ぶ仲間がいることで様々な視点から考えることが可能になる。違う考え方を出し合い，話し合うことが，より質の高いプロセスを具現する。三つは，学校を越えて，地域や社会と関わることにある。生活科は地域に出かけたり，社会に関わったりして学習活動が展開する。地域に出かけ，多くの人やもの，ことと関わりながら，プロセスは一層豊かで確かなものになっていく。

リフレクションにも大きな価値がある。先に示したインタラクションは主として音声言語を使用することが多い。一方，リフレクションは主として文字言語を使用することが考えられる。異なる他者との対話を通して，豊かに知を創造したり，異なる視点から検討したりしたことを，文字言語として確かな認識につなげていくと考えるとイメージしやすい。このリフレクション

学びのポイント
生活科が低学年に位置付けられているのはなぜだろうか。その価値について考え，話し合ってみよう。

に関しては子供の発達に応じた工夫がなされる必要がある。生活科の場合は，没頭し自ら取り組む表現活動を行う中にリフレクションが自然と生じるような学習活動が必要であろう。また，その際の表現方法は，子供の発達に応じて多様であることも必要である。

どちらにせよ，思いや願いの実現に向けて取り組んだり，問題を解決したりするプロセスを一層充実するためにも，言葉が大切になり，その言葉を支えるものが体験ということになる。

1.5　おわりに

生活科は，その誕生の際に以下の三つを問題提起した。それは，これまでの一斉・画一の学習指導に対峙するものであり，子供は有能な学び手であるとする子供理解を広げるための提言だった。さらに言えば，学校という社会資本のもつ可能性を再構築するための問題提起だった。

○体験を重視する教育への積極的な対応
○個性を重視する教育への積極的な対応
○学校と家庭や地域との連携についての積極的な対応

この問題提起は，確実に教育課程全体に広がり，現在，日本全国の学校の教育活動において具現されてきている。また，生活科が目指してきた子供の姿こそが，現在の学習指導要領が示している資質・能力の育成を先取りしていることも明らかである。さらに言えば，そうした資質・能力を育成する学習指導のポイントは，多くの教科等の参考になるものであろう。生活科の誕生がもたらした成果は極めて大きい。

今後は，ChatGPT などの生成系 AI が発展し，これまで以上に複雑な情報処理をコンピュータなどの端末が行ってくれるようになる。このことは一方で，諸感覚を大切にする学びの価値を，今まで以上にクローズアップすることとなろう。身体を通した学びによって獲得される感性，感覚による発見や気付き，違和感に基づく問いや疑問，改善策や方向性への閃きなどが重みを増すことが予想される。具体的な活動や体験を重視する生活科の存在意義はますます大きくなるだろう。それは，これまでと同様に，教育課程全体に確実に影響していく。

第2章　生活科と学習指導要領の改訂

2.1　学習指導要領改訂の構造的理解

「社会に開かれた教育課程」のスローガンの下，教育課程の基準の改訂が行われた。2017 年の改訂では，その過程において「アクティブ・ラーニング」というキーワードが示され，大きな改革の流れを生み出した。その言葉は，能動的学習を意味し，そこには，学習者主体の学びを実現しようとするメッセージが含まれていた。なぜなら，実際の社会で活用できる資質・能力は，学び手である子供が本気で真剣になって学ぶことによってこそ育成されると考えられ，議論されてきたからである。

目指す大きな方向性は，実際の社会で活用できるような資質・能力を確かに育てていくことにある。そのためには，一人一人の子供が「主体的・対話的で深い学び」を実現することが求められる。この「主体的・対話的で深い学び」の実現のためのアプローチの一つが，授業のイノベーションとしての「アクティブ・ラーニング」の視点による授業改善である。そして，もう一つが，カリキュラムをデザインすることを中心とした「カリキュラム・マネジメント」の充実と考えることができる。キーワードを構造化することによって，改訂の目指す方向を全体的かつ関係的に捉えることが重要である。

人工知能や生成系 AI の報道からも明らかなように，目の前の子供たちが活躍する近未来の社会においては，想像以上の大きな変化が起きることが現実味を帯びてきた。そうした変化の激しい社会，日常の暮らしの中に人工知能などが普及する社会においては，一方的に知識を教えるだけの教育を行っていても期待される人材を育成することはできない。知識の習得は重要であるものの，これからの社会においては，身の回りに生じる様々な問題に自ら立ち向かい，その解決に向けて異なる多様な他者と協働して力を合わせながら，それぞれの状況に応じて最適な解決方法を探り出していく力をもった人材こそが求められている。また，様々な知識や情報を活用・発揮しながら自

学びのポイント

近未来の社会がどのように変化していくかを予想してみよう。また，そこではどのような資質・能力が求められるかを話し合ってみよう。

分の考えを形成したり，新しいアイディアを創造したりする力をもった人材が求められている。

こうした新しい社会で活躍できる人材の育成に向けては，「何ができるようになるか」が重要であり，そのためには「何を学ぶか」に加えて，「どのように学ぶか」が今まで以上に大切になってくる。つまり，日々の授業が今まで以上に大きくクローズアップされることとなってきた。

2.2 「育成を目指す資質・能力」の三つの柱とその育成

現在の日本の子供の学力を分析すれば，およそ大きな成果が上がってきていると考えることができる。例えば，OECD 生徒の学習到達度調査（PISA[*1]）の結果においては，好ましい状況を示し，世界的に見ても高水準を回復している。また，全国学力・学習状況調査の結果については，各都道府県の格差が縮まり，テストなどによって測定できる学力については，一定の成果が出ていると考えることができよう。一方，IEA の国際数学・理科教育動向調査（TIMSS[*2]）の調査結果からは，「授業が楽しくない」「授業が役立つとは思わない」などの意見をもつ子供の割合が諸外国より高く，近隣諸国の子供より自己肯定感が低いことなども明らかになっている。学力が上がっているにもかかわらず，である。さらには，自分で考え，判断して，行動する力などにも不十分さを示している。

社会の変化を見据えることのみならず，子供の実態を見つめることからも，「何を学ぶか」はもちろん大切ではあるものの，「何ができるようになるか」のために，「どのように学ぶか」を一層重視する必要があることが理解できるのではないだろうか。

こうした社会の変化や子供の実態から，中央教育審議会では「何ができるようになるか」として，育成を目指す資質・能力を以下の三つの柱として検討を進めてきた。

① 何を理解しているか，何ができるか（生きて働く「知識・技能」の習得）
② 理解していること・できることをどう使うか（未知の状況にも対応できる「思考力，判断力，表現力等」の育成）
③ どのように社会・世界と関わり，よりよい人生を送るか（学びを人生や社

*1 PISA（Programme for International Student Assessment）：義務教育修了段階の 15 歳の子供がもっている知識や技能を，実生活の様々な場面で直面する課題にどの程度活用できるかを測ることを目的とした調査。

*2 TIMSS（Trends in International Mathematics and Science Study）：算数・数学及び理科の教育到達度に関する国際的な調査。

会に生かそうとする「学びに向かう力，人間性等」の涵養）

この「育成を目指す資質・能力」が，一人一人の子供に確かに身に付くようにするためには，「どのように学ぶか」が今まで以上に問われる。これまでのような一方的に知識を教え込む授業，一人一人の子供が受身の授業を大きく改善していかなければならない。なぜなら，そうした受動的で指導者中心の学びでは，実際の社会で活用できる資質・能力が育成されるとは考えにくいからだ。学習者中心で，能動的な学びこそが求められている。そのためにも，学びの過程において，実社会や実生活と関わりのあるリアリティのある真正の学びに主体的に取り組んだり，異なる多様な他者との対話を通じて考えを広めたり深めたりする学びを実現することが大切になる。また，単に知識を記憶するだけにとどまらず，身に付けた資質・能力が様々な課題の解決に生かせることを実感できるような，学びの深まりも大切になってくる。

こうした「主体的・対話的で深い学び」を実現するために，「アクティブ・ラーニング」の視点による授業改善が，以下のように示されてきた。

① 学ぶことに興味や関心を持ち，自己のキャリア形成の方向と関連付けながら，見通しを持って粘り強く取り組み，自己の学習活動を振り返って次につなげる「主体的な学び」が実現できているか。
② 子供同士の協働，教職員や地域の人との対話，先哲の考え方を手掛かりに考えること等を通じ，自己の考えを広げ深める「対話的な学び」が実現できているか。
③ 習得・活用・探究という学びの過程の中で，各教科等の特質に応じた「見方・考え方」を働かせながら，知識を相互に関連付けてより深く理解したり，情報を精査して考えを形成したり，問題を見いだして解決策を考えたり，思いや考えを基に創造したりすることに向かう「深い学び」が実現できているか。

2.3 「学習する子どもの視点」に立つことと資質・能力の育成

資質・能力の育成には，学習過程としてのプロセスの充実が欠かせない。なぜなら，資質・能力は，実際の場面で活用・発揮することで確かになり，自らのものとして獲得されていくからである。このことについては，2015(平成27) 年８月の中央教育審議会の「論点整理」において，以下のように整理されている。

> ○各学校が今後，教育課程を通じて子供たちにどのような力を育むのかという教育目標を明確にし，それを広く社会と共有・連携していけるようにするためには，教育課程の基準となる学習指導要領等が，「社会に開かれた教育課程」を実現するという理念のもと，学習指導要領等に基づく指導を通じて子供たちが何を身に付けるのかを明確に示していく必要がある。
> ○そのためには，指導すべき個別の内容事項の検討に入る前に，まずは学習する子どもの視点に立ち，教育課程全体や各教科等の学びを通じて「何ができるようになるのか」という観点から，育成すべき資質・能力を整理する必要がある。その上で，整理された資質・能力を育成するために「何を学ぶのか」という，必要な指導内容を検討し，その内容を「どのように学ぶのか」という，子供たちの具体的な学びの姿を考えながら構成していく必要がある。

資質・能力の育成には，「学習する子どもの視点」に立って考えることがポイントになる。これまで多くの教室に見られた教師主導の授業ではなく，学習者としての子供を中心に考えることが基盤となる。こうした学習指導要領の改訂の基盤にある発想の転換が，「論点整理」には明確に示されている。このことこそが，生活科の考え方と深く重なる。

生活科は，活動や体験をしていればよいと安易に考える傾向がある。しかし，一人一人の子供が思いや願いをもって学習活動に没頭し，真剣に追究し，自己表出していく学習活動を行う時間であると考えることこそが重要である。全員が楽しく取り組む授業，一人一人の個性や特徴に応じた学び甲斐のある授業，互いの違いや多様性を生かして豊かな学びを創出する授業を目指すと考えるべきである。

そうした授業観，学習観の転換を学習指導要領の改訂では議論してきたことになる。学習指導要領改訂の最重要ポイントがここにある。そして，その考え方こそが生活科とつながり，生活科新設の趣旨とも重なる。また，当時の学習指導要領の指導書において「よき生活者としての能力や態度を育成する」としたこととも結び付く。つまり，今期改訂の重要な発想の転換は，生活科をモデルとしていると考えることができる。

(1) 能動性・自発性が資質・能力を育成する

生活科では，一人一人の子供の能動性や自発性を重視している。子供が自ら学ぶ能動性や自発性を大切にすることが，資質・能力の育成に結び付く。それは，ここまで繰り返してきたように，資質・能力は，実際に活用・発揮されることでこそ確かに育成されるからである。したがって，一人一人の子供が自ら，主体的に学ぶことを大切にしなければならない。例えば，知識・技能は，活用・発揮することで他の知識・技能などとつながりネットワーク化され生きて働く状況となる。そこでは，知識・技能が関連付いて概念化され，連動して一体化され「しっかり」したものとなるとイメージすることができる。また，身体や体験などとつながり一つ一つが「はっきり」する。あるいは，多様な視点から捉え直され「くっきり」するなどの好ましい獲得の状況が考えられる。思考力，判断力，表現力等も，活用・発揮することで，実際の活用場面などとつながり，いつでもどこでも自在に使える，汎用性の高い，未知の場面でも対応できる資質，能力として育成されると考えることができる。さらには，学びに向かう力，人間性等は，学びの目的や価値，意義と結び付き，心地よい手応え感覚とつながり自らの人生や社会に生かせる安定的で持続的な資質・能力となることが期待できる。

(2) 異質性や多様性が資質・能力を育成する

もう一つは，それぞれに異なる異質性や多様性が資質・能力を育成する。生活科では，一人一人の思いや願いを大切にし，多様な学習活動が展開されることを重視している。資質・能力の育成には，異なる多様な他者との学び合い，互いの違いを生かすことが大切になる。そのことが一人一人の子供の気付きの質を高め，思いや願いを実現しようとする学習プロセスを質的に高めていくとともに，他者と力を合わせた問題の解決や協働による新たなアイディアの創造を実現していく。問題の解決場面においては，自分一人で行うのではなく，様々な立場にある多くの人の協働によって解決に取り組むことが大切になる。

このような多様な他者との学び合いや対話には，次の三つの価値が考えられる。一つは，他者への説明による知識や技能の構造化である。子どもは身に付けた知識や技能を使って相手に説明し話すことで，つながりのある構造化された知識を生成していく。二つは，他者からの多様な情報収集である。多様な情報が他者から供給されることで，構造化は，一層質的に高まるものと考えることができる。三つは，他者とともに新たな知を創造するとともに，課題解決に向けての行動化なども期待できる。これらが，「気付きの質の高まり」「学習意欲の向上」などとして，生活科が重視してきたことと関連することは容易に理解できよう。

学び手としての子供を中心に考えること，子供の能動性や自発性，異質性や多様性を生かすことによって，期待される資質・能力が育成される。改訂の最重要ポイントである「学習する子どもの視点」に立つことを，生活科をモデルとしながら強く意識したい。

2.4 「カリキュラム・マネジメント」の充実と資質・能力の育成

社会で求められる資質・能力を育成していくために「学習する子どもの視点」に立つアクティブ・ラーニングの視点による授業改善とともに，「カリキュラム・マネジメント」の充実が重要である。なぜなら，「主体的・対話的で深い学び」を単位時間において実現するには，その1時間がどのような単元に位置付いているかという単元構成を抜きにして考えることはできないからである。また，その単元は，どのような年間の位置付けになっているかという年間指導計画を知らずして考えることも難しい。さらには，そうした1時間の授業や単元構成，年間指導計画が，全ての教科等においてどのように配列され構成されているかを俯瞰することなく語ることもできない。もちろん，そうしたカリキュラムが，どのような教育目標を受けているかを考えることは当然であり。いかにカリキュラムをデザインしていくかが問われており，そのことが「主体的・対話的で深い学び」を実現することにもつながる。

その点から考えるならば，中央教育審議会で議論を繰り返してきた以下の「カリキュラム・マネジメント」の三つの側面の中でも，特に，1番目の記述に注目することが大切になる。

① 各教科等の教育内容を相互の関係で捉え，学校教育目標を踏まえた教科等横断的な視点で，その目標の達成に必要な教育の内容を組織的に配列していくこと。

② 教育内容の質の向上に向けて，子供たちの姿や地域の現状等に関する

調査や各種データ等に基づき，教育課程を編成し，実施し，評価して改善を図るPDCAサイクルを確立すること。

③ 教育内容と，教育活動に必要な人的・物的資源を，地域等の外部の資源も含めて活用しながら効果的に組み合わせること。

この「カリキュラム・マネジメント」も，生活科がモデルになっていると考えることができよう。生活科は，学校や地域の特色に応じた教育活動を行うことが求められる。主たる教材としての教科書は用意されているものの，各学校で独自の教育活動を構想し，地域の特色を生かした学習活動を展開している。それは，各学校で独自のカリキュラムをデザインすることであり，まさに今期改訂につながる生活科の特質といえよう。具体的には以下のような取組が考えられる。

(1) 生活科と他教科等との関連を重視する単元配列表

生活科と他教科等との関連を図ることは特に重要である。そのために，生活科を中核とした**単元配列表**[*3]を作成し，関連を意識した指導計画を作成することが考えられる。他教科等での学びを生活科と関連付けることで，他教科等で身に付けた知識や技能をつながりのあるものとして組織化し直し，現実の生活において活用できるようにすることが期待できる。また，そのことが，確かな知識や技能の習得にもつながる。一方，生活科での学習活動やその成果が，他教科等の学習の動機付けや実感的な理解につながるなどのよさも考えられる。

このように生活科と他教科等とは，互いに補い合い，支え合う関係にあり，教育課程全体の中で相乗効果を発揮していく。したがって，他教科等で身に付ける資質・能力を十分に把握し，生活科との関連を図った年間指導計画，単元配列表を作成することが極めて大切になる。その一つは，他教科等で身に付けた資質・能力を適切に活用・発揮して，生活科の学習活動を充実させていく関連の仕方が考えられる。子供が思いや願いを実現していく中において，各教科等の資質・能力を主体的に繰り返し活用していく姿である。例えば，図画工作科の技能を生かして作品を作成したり，国語科の表現する方法を使って豊かに発表をしたりすることなどが考えられる。このように，他教科等で学んだことを生活科に生かすことで，子供の学習は一層の深まりと広がりを見せることが期待できる。もう一つは，生活科で行われた学習活動に

*3　**単元配列表**：各教科等の年間指導計画を一枚にまとめ全体を俯瞰できるようにしたもの。

よって，他教科等での学習のきっかけが生まれ意欲的に学習を始めるようになったり，他教科等で学習していることの意味やよさが実感されるようになったりすることも考えられる。また，生活科で行った体験活動を生かして国語の時間に依頼状やお礼状を書くなど，生活科での体験活動が他教科等における学習対象となることも考えられる。例えば，生活科で野菜の栽培活動を行った子供は，それを素材にして観察名人になる国語科の学習を展開していく。また，体育科における身体を動かす学習でも生活科での学習経験を生かして，深まりと広がりを見せることが期待できる。

(2) 生活科を中核にしたスタートカリキュラム

先に記した(1)については，とりわけ入学直後の**スタートカリキュラム**[*4]の作成において，そのデザインが期待されている。スタートカリキュラムをデザインする際に，特に心がけなければならないことが二つある。一つは，幼児教育との接続である。幼児教育の終わりまでに育ってほしい10の姿を存分に発揮することができるようなカリキュラムとして整備することを心がけたい。もう一つは，学びの自覚を促すことである。幼児期においては，遊びを中心とした活動において無自覚に学んでいた子どもが，自らの学びを自覚する時期に入ってくる。そうした子どもの成長を促進することが大切になる。

そのためにも，合科的・関連的な指導が実現できるようなカリキュラムをデザインすることが考えられる。それと同時に，柔軟な時間設定や一日の流れを意識した学習活動のデザインなども大切である。

2017年改訂の重要なポイントである「カリキュラム・マネジメント」の充実を，生活科をモデルとして実施していく必要がある。「カリキュラム・マネジメント」の具体モデルがスタートカリキュラムであるということも意識したい。

***4　スタートカリキュラム：**小学校に入学した子供が，幼稚園・保育所・認定こども園などの遊びや生活を通した学びと育ちを基礎として，主体的に自己を発揮し，新しい学校生活を創り出していくためのカリキュラムである。

入学当初は，学びの芽生えから自覚的な学びへと連続させることが大切である。生活科を核として楽しいことや好きなことに没頭する中で生じた驚きや発見を大切にし，学ぶ意欲が高まるように活動を構成することが有効である（文部科学省・国立教育政策研究所　教育課程研究センター（2015年1月）より）。

小学校入学当初のスタートカリキュラムについては，学習指導要領総則第2の4「学校段階等の接続」の(1)，ならびに生活科　第3の(4)にそれぞれ記載されている。

第3章 生活科の教科目標と内容の構成

3.1 生活科の学習過程と資質・能力

生活科における資質・能力を育む学習過程は，やってみたい，してみたいと自分の思いや願いをもち，そのための具体的な活動や体験を行い，直接対象と関わる中で感じたり考えたりしたことを表現したり，行為したりしていくプロセスと考えることができる。このプロセスの中で，体験活動と表現活動とが繰り返されることで子供の学びの質を高めていくことが重要である。

もちろんこうしたプロセスはそれぞれの学習活動がいつも同じように繰り返されるわけではなく，活動が入れ替わったり，一体的に行われたり，行きつ戻りつしたりするものである。

一人一人の子供の思いや願いを実現していく一連の学習活動を行うことにより，子供の自発性が発揮され，一人一人の子供が能動的に活動することが重要である。体験活動は，子供の興味や関心を喚起し，熱中したり没頭したりする姿が期待できる。こうして子供は身近な環境に直接働きかけたり，働き返されたりしながら対象との双方向のやり取りを繰り返し，活動や体験の楽しさを実感していく。

生活科では，直接対象と関わる体験活動が重視されるとともに，それを伝えたり，交流したり，振り返ったりする表現活動が適切に位置付けられる。そうした学習活動が連続的・発展的に繰り返されることにより，期待される子供の姿が繰り返し表れ，積み重なっていく。こうした一連の学習活動を通して資質・能力は確かになっていく。

具体的な活動や体験の中では，比較したり，分類したり，関連付けたりなどして対象を解釈し把握するとともに，試行したり，予測したり，工夫したりなどして新たな活動や行動を創り出す姿が期待できる。このようにして，自分自身や自分の生活について考え，その結果，個別の気付きが関係的な気付きへと質的に高まるなどして，新たな気付きを生み出すものと考えられる。

また，熱中し没頭したこと，発見や成功したときの喜びなどは表現への意欲となり，他者に伝えたり，交流したり，振り返って捉え直したりして表現することのきっかけとなる。そこでは，充実感，達成感，自己有用感，一体感などの手応えをつかむことになり，そのことが安定的で持続的な学びに向かう力を育成していく。

3.2　生活科において育成を目指す資質・能力の三つの柱

先に記した学習過程で育成される資質・能力，すなわち「知識及び技能の基礎」「思考力，判断力，表現力等の基礎」「学びに向かう力，人間性等」については，基本的には次のように考えることが大切である。なお，「〜の基礎」とあるのは，幼児期の学びの特性を踏まえ，資質・能力の三つの柱を截(せつ)然(ぜん)と分けることができないことによる。幼児期の教育との円滑な接続を明示しているものでもある。

生活科における「知識及び技能の基礎」としては，活動や体験の過程において，自分自身，身近な人々，社会及び自然やそれらの関わりについて生まれる気付きが考えられる。こうした気付きは，諸感覚を通して自覚された個別の事実に関する知識や，それらが関連付くことによって実生活の中でも生きて働くものになることが想定されている。また，この過程において，生活上必要とされる習慣や技能も活用できるものとして身に付くことが期待されている。

「思考力，判断力，表現力等」は，知識が未知の状況において自在に使える状態，すなわち駆動するものになることと捉えることができる。具体的には，身に付けた知識の中から，思いや願いの実現に向けて必要なものを選択し，状況に応じて適用したり，組み合わせたりして，適切に活用できるようになっていくことを「思考力，判断力，表現力等」と考えることができる。つまり，「思考力，判断力，表現力等」は，知識とは別に存在しているものではなく，習得したときと異なる場面や状況においても，知識が自在に使いこなせるようになることと考えることが大切である。したがって「思考力，判断力，表現力等の基礎」は，そうした状態の初期の段階と捉えることができる。自分自身，身近な人々，社会及び自然と自分との関わりで考え，表現することが期待されている。とりわけ，低学年の子供が学ぶ生活科では，思考と体験，思考と表現が一体になっていることを忘れてはいけない。体験活動や表現活動に没頭しているその瞬間に，子供は真剣に考え続けているのである。

「学びに向かう力，人間性等」についても，よりよい生活の創造に向けて，自他を尊重すること，自ら取り組んだり他者と力を合わせたりすること，意欲や自信をもって取り組むことなどの適正かつ好ましい態度として知識が発揮されることと考えることができる。態度に関する知識が構造化されたり，身体化されたりして高度になり，適正な態度として安定的に発揮されながら，確実に身に付いていくことが重要なのである。

3.3　生活科で育成を目指す資質・能力 ―教科目標と学年の目標の関係―

先に示した資質・能力の考え方を参考にして，生活科の教科目標は，以下のように整理されている。他教科等における教科目標の表現様式と同様に，リード文に加えて，(1)「知識及び技能の基礎」，(2)「思考力，判断力，表現力等の基礎」，(3)「学びに向かう力，人間性等」に対応する内容となっている。

【教科目標】

具体的な活動や体験を通して，身近な生活に関わる見方・考え方を生かし，自立し生活を豊かにしていくための資質・能力を次のとおり育成することを目指す。

(1) 活動や体験の過程において，自分自身，身近な人々，社会及び自然の特徴やよさ，それらの関り等に気付くとともに，生活上必要な習慣や技能を身に付けるようにする。

(2) 身近な人々，社会及び自然を自分との関りで捉え，自分自身や自分の生活について考え，表現することができるようにする

(3) 身近な人々，社会及び自然に自ら働きかけ，意欲や自信をもって学んだり生活を豊かにしたりしようとする態度を養う。

生活科では，教科目標に加え，学年の目標を示している。**図 3-1** に示した三つの階層（(1) は，「学校，家庭及び地域の生活に関する内容」，(2) は，「身近な人々，社会及び自然と関わる活動に関する内容」，(3) は，「自分自身の生活や成長に関する内容」）ごとに次に示した学年の目標を定め，教科目標とは，**表 3-1** の関係となるように構造化されている。なお，9 つの内容については，**図 3-1** に示された

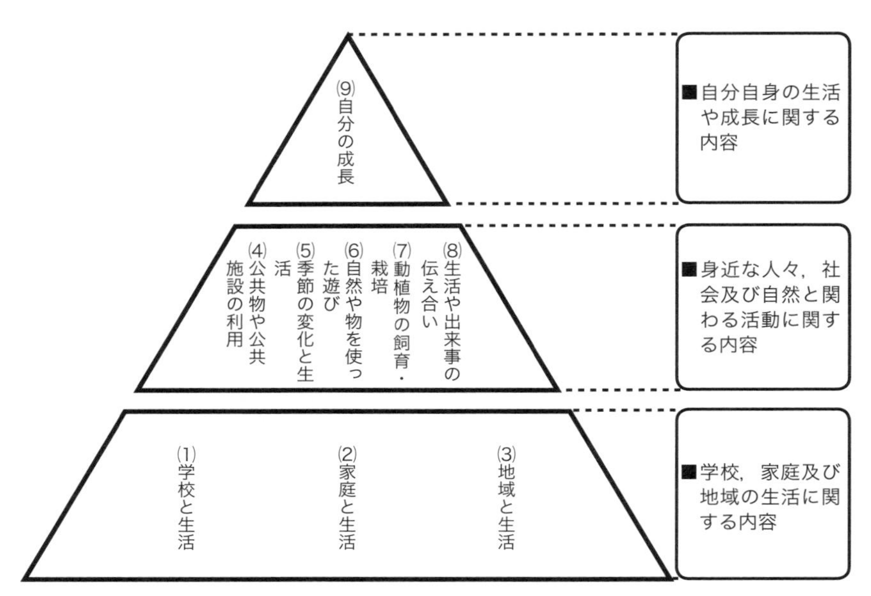

図 3-1　生活科の内容のまとまり

（出所）「2017 解説（生活）[*1]」p.26

＊1 「2017 解説（生活）」: 本書では，2017 年告示の『小学校学習指導要領（平成 29 年告示）解説　生活編』を「2017 解説（生活）」と略する。また総則編の場合には「2017 解説（総則）」と略記する。

ように三つの階層にそれぞれが位置付けられている。

学びのポイント
ここに示した学年の目標と表 3-1 を比較して，構成要素を確認してみよう。

> **【学年の目標】**
> 〔第 1 学年及び第 2 学年〕
> (1) 学校，家庭及び地域の生活に関わることを通して，自分と身近な人々社会及び自然との関わりについて考えることができ，それらのよさやすばらしさ，自分との関わりに気付き，地域に愛着をもち自然を大切にしたり，集団や社会の一員として安全で適切な行動をしたりするようにする。
> (2) 身近な人々，社会及び自然と触れ合ったり関わったりすることを通して，それらを工夫したり楽しんだりすることができ，活動のよさや大切さに気付き，自分たちの遊びや生活をよりよくするようにする。
> (3) 自分自身を見つめることを通して，自分の生活や成長，身近な人々の支えについて考えることができ，自分のよさや可能性に気付き，意欲と自信をもって生活するようにする

なお，学習指導要領において，生活科では，学年の目標も内容も一文で記され，以下の四つの要素で構成されている。一つ目は，具体的な「学習対象や学習活動等」。二つ目は，そこで発揮される「思考力，判断力，表現力等の基礎」。三つ目は，その結果として生まれる気付きなどの「知識及び技能

表 3-1　教科目標と学年の目標の関係

教科目標

	知識や技能の基礎	思考力，判断力，表現力等の基礎	学びに向かう力，人間性等
具体的な活動や体験	(1) 活動や体験の過程において，自分自身，身近な人々，社会及び自然の特徴やよさ，それらの関わり等に気付くとともに，生活上必要な習慣や技能を身に付ける	(2) 身近な人々，社会及び自然を自分との関わりで捉え，自分自身や自分の生活について考え表現する力を育成する	(3) 近な人々，社会及び自然に自ら働きかけ，意欲や自信を持って学んだり生活を豊かにしたりしようとする態度を育てる

学年の目標

学校，家庭，地域の生活に関わること	○それらのよさやすばらしさ，自分との関わりに気付く	○自分と身近な人々，社会及び自然との関わりについて考える	○地域に愛着をもち自然を大切にし たり，集団や社会の一員として安全で適切な行動をしたりするようにする
身近な人々，社会及び自然と触れ合ったり関わったりすること	○活動のよさや大切さに気付く	○それらを工夫したり楽しんだりすることができる	○自分たちの遊びや生活をよりよくするようにする
自分自身を見つめること	○自分のよさや可能性に気付く	○自分の生活や成長，身近な人々の支えについて考える	○意欲と自信をもって生活するようにする

の基礎」。四つ目は，安定的な育成が期待される「学びに向かう力，人間性等」である。これらは，その記述が一文になっていることから，資質・能力が一体的に育成されるという低学年の特性も示している。

3.4　生活科で育成を目指す資質・能力 —学年の目標と内容の関係—

これまで生活科では，内容構成の基本的な視点として，「自分と人や社会とのかかわり」「自分と自然とのかかわり」「自分自身」の三つを明らかにし，9 つの内容と 11 の視点を明示するとともに，それを育む学習活動が実現するよう 15 の学習対象を示してきた（**表 3-2**）。2017 年告示の学習指導要領では，こうした生活科の内容について，育成を目指す資質・能力の三つの柱を踏まえつつ，生活科の三つの基本的な視点を踏まえて，その構成が見直された。

具体的には，各内容について，①伸ばしたい思考力，判断力，表現力等が発揮され，その結果認識が広がり，期待する態度を育成していくという過程を重視して整理し，②そうした資質・能力を育成するためにふさわしく，かつ子供の身の回りにある学習対象を明確にすることを試みている。そのうえ

表 3-2　生活科の内容構成の具体的な視点と学習対象

〔内容構成の具体的な視点〕
ア　**健康で安全な生活**：健康や安全に気を付けて，友達と遊んだり，学校に通ったり，規則正しく生活したりすることができるようにする。
イ　**身近な人々との接し方**：家族や友達や先生をはじめ，地域の様々な人々と適切に接することができるようにする。
ウ　**地域への愛着**：地域の人々や場所に親しみや愛着をもつことができるようにする。
エ　**公共の意識とマナー**：みんなで使うものや場所，施設を大切に正しく利用できるようにする。
オ　**生産と消費**：身近にある物を利用して作ったり，繰り返し大切に使ったりすることができるようにする。
カ　**情報と交流**：様々な手段を適切に使って直接的間接的に情報を伝え合いながら，身近な人々と関わったり交流したりすることができるようにする。
キ　**身近な自然との触れ合い**：身近な自然を観察したり，生き物を飼ったり育てたりするなどして，自然との触れ合いを深め，生命を大切にすることができるようにする。
ク　**時間と季節**：一日の生活時間や季節の移り変わりを生かして，生活を工夫したり楽しくしたりすることができるようにする。
ケ　**遊びの工夫**：遊びに使う物を作ったり遊び方を工夫したりしながら，楽しく過ごすことができるようにする。
コ　**成長への喜び**：自分でできるようになったことや生活での自分の役割が増えたことなどを喜び，自分の成長を支えてくれた人々に感謝の気持をもつことができるようにする。
サ　**基本的な生活習慣や生活技能**：日常生活に必要な習慣や技能を身に付けることができるようにする。

〔学習対象〕
①学校の施設　②学校で働く人　③友達　④通学路　⑤家族　⑥家庭　⑦地域で生活したり働いたりしている人　⑧公共物　⑨公共施設　⑩地域の行事・出来事　⑪身近な自然　⑫身近にある物　⑬動物　⑭植物　⑮自分のこと

（出所）「2017 解説（生活）」pp.23-24

で，子供の発達や学習環境の変化，社会的要請等を踏まえて学習指導要領の内容を示すことが適当であると考え，内容の見直しを進めてきた。

特に，思考力等については，これまで必ずしも明確に示されていない部分もあったことから，できるだけ具体的に示すようにすることが心がけられている。また，認識を広げることについては，個別の気付きが関係的な気付きとなって高まるようにすることを大切にしている。具体的な視点として示してきた 11 の視点は，期待する子供の姿（態度）と捉え，幼児期の終わりまでに育てたい幼児の姿との関連や，中学年以降の各教科等における学習との関連を考慮しながら見直されてきた。

その結果，学年目標との関係で**表 3-3** のように構造化して示すことができる。

表 3-3　学年の目標と内容の関係

学年の目標

学校，家庭及び地域の生活に関わること	○それらのよさやすばらしさ，自分との関わりに気付く	○自分と身近な人々，社会及び自然との関わりについて考える	○地域に愛着をもち自然を大切にしたり，集団や社会の一員として安全で適切な行動をしたりするようにする
内容（1） 学校生活に関わる活動	学校での生活は様々な人や施設と関わっていることが分かる	学校の施設の様子や学校生活を支えている人々や友達，通学路の様子やその安全を守っている人々などについて考える	楽しく安心して遊びや生活をしたり，安全な登下校をしたりしようとする
内容（2） 家庭生活に関わる活動	家庭での生活は互いに支え合っていることが分かる	家庭における家族のことや自分でできることなどについて考える	自分の役割を積極的に果たしたり，規則正しく健康に気を付けて生活したりしようとする
内容（3） 地域と生活に関わる活動	自分たちの生活は様々な人や場所と関わっていることが分かる	地域の場所やそこで生活したり働いたりしている人々について考える	それらに親しみや愛着をもち，適切に接したり安全に生活したりしようとする

身近な人々，社会及び自然と触れ合ったり関わったりすること	○活動の良さや大切さに気付く	○それらを工夫したり楽しんだりすることができる	○自分たちの遊びや生活をよりよくしようとする
内容（4） 公共物や公共施設を利用する活動	身の回りにはみんなで使うものがあることやそれらを支えている人々がいることなどが分かる	それらのよさを感じたり働きを捉えたりする	それらを大切にし，安全に気を付けて正しく利用しようとする
内容（5） 身近な自然を観察したり，季節や地域の行事に関わったりするなどの活動	自然の様子や四季の変化，季節によって生活の様子が変わることに気付く	それらの違いや特徴を見付ける	それらを取り入れ自分の生活を楽しくしようとする
内容（6） 身近な自然を利用したり，身近にある物を使ったりするなどして遊ぶ活動	その面白さや自然の不思議さに気付く	遊びや遊びに使う物を工夫してつくる	みんなと楽しみながら遊びを創り出そうとする
内容（7） 動物を飼ったり植物を育てたりする活動	それらは生命をもっていることや成長していることに気付く	それらの育つ場所，変化や成長の様子に関心をもって働きかける	生き物への親しみをもち大切にしようとする
内容（8） 自分たちの生活や地域の出来事を身近な人々と伝え合う活動	身近な人々と関わることのよさや楽しさが分かる	相手のことを想像したり伝えたいことや伝え方を選んだりする	進んで触れ合い交流しようとする

自分自身を見つめること	○自分のよさや可能性に気付く	○自分の生活や成長，身近な人々の支えについて考える	○意欲と自信をもって生活する
内容（9） 自分の生活や成長を振り返る活動	自分が大きくなったこと，自分でできるようになったこと，役割が増えたことなどが分かる	自分のことや支えてくれた人々について考える	これまでの生活や成長を支えてくれた人々に感謝の気持ちをもち，これからの成長への願いをもって，意欲的に生活しようとする

第3の2の（6）

　生活上必要（「生活の上」や「活動の上」で必要）な習慣や技能の指導については，人，社会，自然及び自分自身に関わる学習活動の展開に即して行うようにすること。

学びのポイント
生活科の内容は9つあり，内容 (1)「学校と生活」，内容 (2)「家庭と生活」，内容 (3)「地域と生活」，内容 (4)「公共物や公共施設の利用」，内容 (5)「季節の変化と性格」，内容 (6)「自然や物を使った遊び」，内容 (7)「動植物の飼育・栽培」，内容 (8)「生活や出来事の伝え合い」，内容 (9)「自分の成長」で構成されている。学習指導要領に示された内容と**表 3-3** を比較して，構成要素を確認してみよう。

3.5　教育課程の結節点としての生活科

2017 年の改訂では，学習指導要領総則において生活科の位置付けがこれまで以上に鮮明になり，明確になった。

学習指導要領総則の第 2「教育課程の編成」の 4「学校段階間の接続」の (1) において，幼児期の教育との接続が明確化された。そこでは，「低学年における教育全体において，例えば生活科において育成する自立し生活を豊かにしていくための資質・能力が，他教科等においても生かされるようにするなど，教科等間の関連を積極的に図り，幼児期の教育及び中学年以降の教育との円滑な接続が図られるよう工夫すること。」と示された。つまり，とりわけ重要な低学年教育の中核に生活科があり，幼児期の教育との接続はもちろん，他のすべての教科等との関連，中学年以降の教科等との接続を円滑に図ることが明示された。このことは，教育課程の結節点に生活科が位置付けられたことと考えることができよう。

さらには，「特に，入学当初においては，幼児期において自発的な活動としての遊びを通して育まれてきたことが，各教科等において円滑に接続されるよう，生活科を中心に，合科的・関連的な指導や弾力的な時間割の設定など，指導の工夫や指導計画の作成を行うこと。」としてスタートカリキュラムを整備することが明示された。このことは，第 2 章で記したように，2017 年告示の改訂で推進しているカリキュラム・マネジメントの具体の姿として考えることができる。

第2部

生活科の学習指導の基礎

第4章 具体的な活動や体験を通して学ぶ生活科の指導原理

4.1　生活科における「具体的な活動や体験」とは

生活科の教科目標の冒頭には，「具体的な活動や体験を通して」と示されている。この文言は，1989（平成元）年の学習指導要領の改訂において生活科が新設されて以来，一貫して変わっていない。このことは，「具体的な活動や体験を通して思考する」などの小学校低学年の子供の発達上の特徴を踏まえたものである。

（1）直接働きかける学習活動

「具体的な活動や体験」には，見る，聞く，触れる，作る，探す，育てる，遊ぶなどといった，対象に直接働きかける学習活動がある（「2017解説（生活）」p.10）。生活科は，「座学」において知識を習得する教科ではない。活動や体験に没頭する中で，子供は豊かな感性を養い，知的好奇心や探究心などを育んでいく。

直接働きかける学習活動では，子供が対象に一方的に働きかけるだけでなく，対象が子供に働き返してくるといった双方向性のある活動が期待されている。例えば，生き物を育てる活動では，子供が水やエサを与える（働きかける）ことで，生き物が成長する（働き返す）。ときには，思うように成長しないこともある（働き返す）。もっと元気になってほしいと思った子供は，エサや肥料を変えたり，環境を整えたりする（働きかける）。このような双方向性のあるやり取りを通して，子供は対象との関わりを深めていく。

（2）表現する学習活動

直接働きかける学習活動の楽しさやそこで気付いたことなどを言葉，絵，動作，劇化などの多様な方法によって表現する学習活動も，具体的な活動や体験である（「2017解説（生活）」p.10）。表現する学習活動により，気付きが自覚化されるとともに次の活動への願いをもったり意欲が高まったりする。

生活科は，単なる体験や活動に終始してしまう，いわゆる「活動あって学びなし」と揶揄されるような実践に陥る危険性を常に孕んでいる。それゆえ，直接働きかける学習活動と表現する学習活動，すなわち体験活動と表現活動の相互作用を重視した学習プロセスを意識することが大切となる。

例えば，町探検では，子供は地域の様々な人，もの，ことを見付けてくる（体験活動）。それらについて伝え合う場面（表現活動）を設定することで，新たな関心や疑問が生まれ，再び町探検に出掛けていく。このような相互作用が連続的に繰り返されていくことが，気付きの質を高め，「深い学び」を実現することにつながる（詳細は第５章で論じる）。

なお，生活科の教科目標には，具体的な活動や体験を「通して」と示されている。ここでの「通して」とは，対象についての知識を教師が子供たちに直接的に指導するような教育方法を指すのではなく，具体的な活動や体験を行いながら間接的に子供たちに指導する教育方法を指している。

4.2　直接体験，間接体験，擬似体験

近年は，ICT の急激な普及に伴い，生活科における具体的な活動や体験も多様になりつつある。ここでは，生活科で想定される様々な具体的な活動や体験について整理しておきたい。

(1) 直接体験

直接体験とは，対象に対して**諸感覚**[*1]を使って直接働きかける体験を指す。自然体験や社会体験，文化的体験などがある。子供が身近な人，もの，ことと直接触れ合うこれらの体験は，特に小学校低学年の子供にとって，実感を伴う確かな気付きを提供する貴重な機会となる。加えて，情報化社会の進展の中で，直接体験の機会は確実に減少している。このような子供を取り巻く環境の変化もあり，生活科では一貫して直接体験が重視されてきた。

*1　**諸感覚**：第５章*1を参照のこと。

直接体験によって得られる気付きの多くは，整然と整理されておらず，個別的で断片的である。このような直接体験によって得られる気付きの特徴を理解した上で，これらの気付きを整理し，確かなものにしていくことが大切となる。

(2) 間接体験

間接体験とは，対象と自分との間に何らかの媒介（例えば，本やテレビ，インターネット等）を通して感覚的に学びとる体験を指す。間接体験を通じて，限られた時間の中で多種多様な情報にアクセスすることができる。教科書の記述も教師の話も，授業の多くは間接体験によって成り立っており，これらの学習を，すべて直接体験によって成立させることは困難である。その一方で，間接体験だけでは，諸感覚を使って気付きの質を高めたり，双方向性のある活動を生み出したりすることは難しい。したがって，生活科において，直接体験を間接体験に置き換えることはできない。しかし，間接体験を効果的に取り入れることで，「実際に体験してみたい」「もっと詳しく知りたい」といった，子供の直接体験を動機付けたり，さらに深い探究の世界に子供をいざなったりすることができる。

(3) 擬似体験

擬似体験とは，ロールプレイやシミュレーション，模型等を通じて模擬的に学ぶ体験を指す。直接体験が重視される生活科において，これまで擬似体験が大きく取り上げられることはほとんどなかったが，近年のICTの急速な進化も相まって，不足する直接体験を補うために擬似体験が取り入れられるケースも見られるようになった。また，現在では，**VR・AR***2の技術が飛躍的に進化を遂げており，学校にいながら町探検に出掛けたり，虫の視点で世界を見たりするような，日常では体験できない状況を子供が体験することが可能となっている。しかし，これらの擬似体験も，直接体験に取って代わるものではない。実際に現地を訪れたり，本物に触ったりして，諸感覚を通さないと得られない感覚的な情報は無数に存在する。例えば，町探検で訪れたお店の店頭にならぶ食べ物のにおいやそのお店で働く人たちの活気，育てている生き物の息づかいやぬくもりといった感覚的な情報は，擬似体験では得がたいものである。このような感覚的な情報が，気付きの質を高める上では極めて重要な意味をもつ。

なお，近年はWeb会議システムを使用することで，学校にいながら外部の様々な人と交流できるようになった。このような交流は，物理的な要素（場所や距離）では擬似体験といえるが，子供は相手と直接対話し，感情や思考を共有するため，直接体験ともいえる。そのため，「直接的な擬似体験」あるいは「擬似的な直接体験」と表現することが適当と考えられる。今後は，こ

＊2 **VR・AR**：**VR**（Virtual Reality：仮想現実）とはコンピュータ上に人工的な環境を作り出し，時間や空間を超えてそこにいるかのような感覚を体験できる技術である。

一方，**AR**（Augmented Reality：拡張現実）は，現実空間に付加情報を表示させ，現実世界を拡張する技術である。VRは現実世界とは切り離された仮想世界に入り込むが，ARはあくまで現実世界が主体である。

のような新しい形態の体験が登場することも想定される。

4.3 「具体的な活動や体験」の価値

心の体験とは，自然の偉大さや美しさなどに出会ったり，現実の社会に直面し人と関わったりすることで得られる，感動体験や失敗・挫折体験，成功・成就体験などを指す。これらの体験は，直接体験と深く関わっているが，強い**情動**[*3]を伴うところに大きな特徴がある。

(1) 身体を通した心を動かす体験が感性を磨く

感動体験における感動とは，情動的に心が動かされる状態（戸梶, 2001）とされており，感動体験とは，そのような感動を伴う体験である。多くの場合は，人にポジティブな変化をもたらす体験を指す。そして，感動体験は，自己肯定感や**自己効力感**[*4]の獲得に効果があることが明らかとなっている（佐伯ら, 2006）。しかし，横山ら（2011）は，日本の子供を取り巻く環境の変化から，感動体験そのものが減少していることを指摘している。

生活科においても，感動体験は重要な役割をもつ。神永（2018）が，「活動に熱中し没頭したことや，発見したり成功したりして味わった心躍るような感動体験は，それを表現し伝えたいという意欲につながっていく」（p.11）と論じているように，感動体験は子供の意欲を掻き立て，次の活動に動機付ける原動力になっていることが分かる。

さて，このような感動体験は，誰かが与えられるものなのだろうか。同じ体験をしても，感動する人もいれば，しない人もいる。これは，個人の諸感覚を通して感じる力，すなわち感性の豊かさにかかっている。このような感性を，米国の作家であり海洋生物学者でもあった**レイチェル・カーソン**[*5]は，「センス・オブ・ワンダー（神秘さや不思議さに目を見はる感性）」と表している。カーソンは，このような感性が，やがて大人になるとやってくる倦怠と幻滅，つまらない人工的なものに夢中になることなどに対する解毒剤になるという。

このような感性はどのようにして磨かれ，豊かになっていくのか。彼女の著書『センス・オブ・ワンダー』には，次の言葉が綴られている。

> It is not half so important to *know* as to *feel*.
> （「知る」ことは「感じる」ことの半分ほども重要ではない。）

＊3　情動（emotion）：しばしば感情（feeling）と同義語として用いられるが，リサ・フェルドマン・バレットが提唱する「構成主義的情動理論」では，情動は単なる生物学的反応ではなく，文化，社会，個々の経験によって形成される解釈のプロセスとして理解されている。このような情動が，心の体験を解釈し，理解するためのフレームワークを提供するものと解釈できる。

＊4　自己効力感（self-efficacy）：心理学者のアルバート・バンデューラによって提唱された概念であり，「個人がある状況において必要な行動を効果的に遂行できる可能性の認知」（Bandura, 1997）と定義されている。自分ならできる，きっとうまくいく，といった自分自身への認知と言える。自己効力感が高い人は，困難な状況に直面しても挑戦し続け，問題解決に向けて努力することが示されている。

＊5　レイチェル・カーソン（Rachel Louise Carson, 1907-1964）：化学物質による環境汚染について警告した著書『沈黙の春』で，米国社会に大きな波紋を投げかけた研究者として知られる。その一方で，彼女は『センス・オブ・ワンダー』（Carson, 1956 = 1996）において，自然の美しさと神秘さを感じ取る感性の大切さ，そして子どもたちととも

にその発見の喜びを分かち合うことの重要さを伝えている。

生活科においても，自然や社会の事象のあれこれを「知る」ことではなく，諸感覚を駆使して，体全体で「感じる」ことを大切にしたい。そのことが，子供の感性を磨き，豊かにすることにつながる。感動体験は，誰かが与えられるものではなく，子供が自ら見いだすものだといえよう。

(2) 失敗したり，成功したりする体験が学習意欲や自信を育てる

失敗・挫折体験や成功・成就体験も，生活科においては重要な役割を担っている。例えば，生活科では，自分の思うようなおもちゃを作ることができなかったり，栽培していた野菜が順調に生育しなかったり，グループでの活動がうまく進まなかったりといった失敗・挫折体験を味わうことがある。こうした失敗・挫折体験を通して，新たな疑問が生じたり，次の目標が設定されたりする。また，こうした体験を通して，子供は**レジリエンス**[*6]や粘り強さといったスキルを獲得していく。しかし，失敗・挫折体験だけが積み重なることで，学習意欲が低下したり，恐怖や不安が増大したり，さらには自己肯定感や自己効力感が低下したりする可能性もある。そのため，子供が安心して失敗できる教室文化をつくることや，柔軟なカリキュラムを構想すること，具体的なフィードバックを提供することといった教師の役割が重要となる。

＊6　レジリエンス(resilience)：過酷な環境やストレスフルな状況，あるいはトラウマ体験といった逆境に直面した際に，そのショックから回復し，状況に適応していく力を指す概念である(小塩編著，2021, p.225)。近年は，教育や職場の環境でも重要なスキルとして認識されており，その力を育てるためのプログラムが開発されている。

また，自分の思いや願いを実現しようと活動や体験に熱中し没頭して得られた成功・成就体験は，子供の意欲や自信を育て，自己肯定感や自己効力感を高める。その一方で，成功・成就体験が過度に繰り返されることによって，子供に過度な自信をもたらしたり，失敗することへの恐怖から，新しい挑戦を避ける傾向を強めたりする可能性がある。したがって，成功・成就体験と失敗・挫折体験の両方が重要な学習の一部であることを教師自身が認識するとともに，子供にもその機会を適切に提供することが大切である。

4.4　具体的な活動や体験を通して指導する教師に求められる姿勢

生活科は，具体的な活動や体験を通して学ぶ教科である。この生活科の指導原理を実現するためには，ここまでに論じた具体的な活動や体験のイメージを確かにもちながら，具体的な活動や体験の広がりや深まりを受け止めたり，活動や体験をする子供に寄り添ったりする教師の姿勢が求められる。

(1) 学習環境を整える教師の姿勢

例えば，おもちゃ作りの単元であれば，動くおもちゃの性能を高めることに懸命に取り組む子供もいれば，仲間と楽しく遊べるように，遊び方やルールを工夫する子供もいるであろう。また，秋の公園での活動では，どんぐり拾いや落ち葉集め，木の葉のお面づくりと遊びが広がる子供がいる一方で，どんぐり拾いに没頭して，様々などんぐりの特徴に気付く子供もいるだろう。このような具体的な活動や体験の広がりや深まりは，そのどちらも大切にしたいものである。そのためにも，子供の学習する環境を整える教師の姿勢を大切にしたい。

(2) 見通し，寄り添う教師の姿勢

このような生活科の学習指導にあっては，子供の主体的な活動を重視しながら，子供の考え方や行動がどのように深まり，広がっていったか，その中でどんなことに気付いたり，疑問をもったりしたかなどを，教師が適切に見取り，評価することが求められる。そのためには，学習活動の展開や予想される子供の姿などについて，事前に検討しておくことが極めて大切である。

その一方で，子供に寄り添う教師の姿勢も大切にしたい。カーソンは，「子供のセンス・オブ・ワンダーをいつも新鮮に保ち続けるためには，私たちが住んでいる世界の喜び，感激，神秘などを子供と一緒に再発見し，感動を分かち合ってくれる大人が，少なくとも一人，そばにいる必要がある」(Carson, 2017, pp.44-49) と訴えている。

生活科を指導する教師には，子供の具体的な活動や体験の広がりや深まりを確かに見通し，子供を適切に見取り評価する姿勢と同時に，高い知的好奇心や探究心をもち，子供と一緒に感動することのできる感性を常に磨く姿勢を期待したい。

学びのポイント

自然体験や社会体験を実際に行ってみよう。例えば，自然体験では，地域の公園に出掛けてもよいし，様々な団体が企画する野外教育プログラムに参加することも考えられる。社会体験では，社会教育施設を訪問したり，地域のボランティア活動に参加したりすることが考えられる。これらの体験で得た気付きを仲間と共有することで，自分の体験をより深く，批判的に考えることができる。

第5章　気付きの高まりと深い学び

5.1　活動や体験と「気付き」

(1) 具体的な活動や体験を通して

生活科では，教科の新設以来，活動や体験を通して生まれる「気付き」を大切にしている。他教科のように知識・技能として教えられ理解していくものではなく，対象に主体的に働きかけ，具体的な活動や体験を通して生まれる認識を「気付き」と呼び，その「気付き」をもとにして，子供一人一人の「気付きの質の高まり」を目指して学習活動を展開している。言い換えれば，教師から与えられる知識や技能を理解していくのではなく，自らの思いや願いをもち，それを実現していく学習過程を通して実感をもって分かることを大切にしている。そのことは，低学年の児童の発達の特質として，活動と思考が一体的であることに基づいた生活科特有の認識の捉え方としても重要である。

「2017 解説（生活）」では，「活動や体験の過程において，自分自身，身近な人々，社会及び自然の特徴やよさ，それらの関わり等についての気付きが生まれることが考えられる。生活科における気付きは，**諸感覚**[*1]を通して自覚された個別の事実であるとともに，それらが相互に関連付けられたり，既存の経験と組み合わされたりして，各教科等の学習や実生活の中で生きて働くものとなることを目指している」と記されている (p.12)。

*1　**諸感覚**：みる（視覚），きく（聴覚），かぐ（嗅覚），あじわう（味覚），さわる（触覚）を通して，人体の感覚器官（五官）を通して感じる感覚（五感）のこと。

感覚には，感じる心（第六感）や，運動感覚，平衡感覚，内臓感覚なども加えられることがある。また，身体的な障がい等により，一人一人の感覚には違いがあることに配慮して。五感とせずに諸感覚という言葉を用いている。

(2) 生活科における「気付き」

生活科における「気付き」とは，対象に対する一人一人の認識であり，児童の主体的な活動によって生まれるものである。そこには知的な側面だけではなく，情意的な側面も含まれる (p.12)。気付きは，自分が「あれっ」「どうして」「なるほど」などのように何らかの心の動きをともなって知覚される個別のものであって，吟味されたり一般化されたりしていないものの，確かな認識へとつながるものとして重要な役割をもつ（p.13）。また，気付きは，次の自発的な活動を誘発するものとなる（p.69）。

例えば，車を作って遊ぶ活動では，試す場として設けられた坂道で，車を走らせて動きを試す活動がはじまる。その中で，タイヤの材料や回転，車体の大きさや重さ，車軸の位置や取り付け方など，よりよく動かすためのアイデアを自ら工夫する姿が生まれていく。また，友達と一緒に走らせ，どちらが早くゴールに着くかを競い合う活動も始まり，坂道の先までどちらがより遠くまで進むかを競い合う姿が生まれていく。そこには，自分の作った車と友達の車とを比べて真剣に見つめ，その違いに気付いたり改良点を思いついたりしてさらなる工夫を積み重ね，活動に没頭していく姿が生まれていく。このように，子供の中に生まれた気付きは，次々と自発的な活動を生み出していくことにつながっていく。

5.2　気付きの質を高めるために

(1)「無自覚な気付き」から「自覚された気付き」へ

一人一人に生まれる気付きは，その当初，子供自身は無自覚であることも多い。生活科では，「無自覚だった気付きが自覚されたり，一人一人に生まれた個別の気付きが関連付けられたり，対象のみならず自分自身についての気付きが生まれたりすることを，気付きの質が高まったという」（p.13）。「気付きは確かな認識へつながるものであり，知識及び技能の基礎として大切なものである」（p.13）。そして，一人一人にこのような気付きの質の高まりが生まれるように学習を展開していくことが大切にされている。

学びのポイント

生活科の教科書から，一つの単元を決めて，子供の発している言葉や，教師の言葉を書き出して，その姿について話し合ってみよう。そして，イラストや写真，言葉から子供の気付きや活動を促す教師の姿について具体的につかんでいこう。生活科の授業で，どのような言葉のやりとりがなされているかが分かるはずである。

生活科の学習においては，繰り返し活動したり対象との関わりを深めたりする具体的な活動や体験の充実こそが，気付きの質を高めていく上で欠かせない。活動や体験を通して生まれた一つ一つの気付きを無自覚な状態のままにしておくのではなく，自覚することができるように言葉掛けをしたり，それぞれが関連付けられた気付きへと質的に高めていけるよう教師が働きかけたりしていくことが大切になってくる。この観点から気付きの質を高めるためには，活動に取り組む子供の様子を見守りながら，没頭するあまり気付いていても無自覚なまま活動している子供に，気付きを自覚できるよう促していくことが考えられる。

例えば，繰り返しけん玉に挑戦し上手く玉を入れることができるようになった子供に，タイミングよく膝を曲げながら玉を入れている様子を動画に撮って見せて，子供自身が工夫してきたことを自覚できるようにしていくなどの教師の支援が考えられる。また，指導の工夫として，絵に描くなどの表現する活動を位置付け，子供が自分の活動や体験を整理しながら考え，無自覚だった気付きを自覚できるようにしていくことなどが考えられる。

(2)「個別の気付き」から「関連付けられた気付き」へ

子供は一人一人の感じ方や受け止め方に違いがあり，個性をもった存在である。生活科では，一人一人の対象に対する個別の気付きを大切にしている。

授業では，「個別の気付き」を出し合っていく中で，それぞれの気付きを比べたり出された気付きから発展させて考えたりして，「関連付けられた気付き」が生まれるようにしていくことが大切である。また，このように「個別の気付き」から「関連付けられた気付き」が生まれていく姿を気付きの質の高まりと捉えて大切にしている。

気付きの質を高めるためには，活動や体験を通して生まれた子供一人一人の気付きをそのままにしておくのではなく，他の子供の気付きと比べたり，情報を共有したりする場を設けることによって，気付きを互いに結び付け，関連付けて捉えることができるようにしていくことが考えられる。

学びのポイント

生活科の教科書の中から，子供が活動を報告し合っている場面を見付けて，その様子について話し合ってみよう。子供の姿や言葉から，互いに学び合う交流の場で，新たな疑問や次にしたいことへの意欲が生まれていく姿を具体的につかむことができるはずである。

子供が「いいこと思いついた！」とつぶやきを発したときのように，次の活動につながるアイデアや見通しが生まれていくような学びの場を設定していくことが求められる。それぞれの気付きから新たな気付きが生まれたり，次の活動につながる発想が見付かったりしていくことが，「関連付けられた気付き」へと気付きの質が高まった姿と捉えることができる。

例えば，2年生2学期の「もっと もっと まち探検」では，次のような報告カードが書かれたことがあった。

「和菓子屋さんに行ったら，紅葉の葉っぱが飾ってありました。前に行ったときは，氷のようなガラスの飾りだったので，お店の人に聞いたら，季節に合わせて飾りを変えていると教えてくれました。お月見のススキも飾ってあって，秋が感じられるように工夫をしているんだなと思いました。栗のお菓子もあって，私も秋だなと思いました。」この記述からは，違う時期に訪れたお店の様子の違いを比べ，季節に合わせた飾り付けや和菓子など，お店の人の工夫を見付けていることが分かる。

また，報告カードを見合う場を設けて発見のコツをつかんだり，探検して見付けた気付きを伝え合う場を設けて，互いの気付きを交流することができるようにしたりしていく工夫も考えられる。交流する場では，絵や言葉を工夫して相手に分かりやすく伝えたり，インタビューの様子を劇化したりして自分の気付きを再認識するとともに，互いの気付きの違いに気付いたり，共通する新たな気付きを見付けたりするなど，気付きを関連付けて捉えていく姿も生まれていく。

学びのポイント
自分が動植物を育てたときの経験について話し合ってみよう。自分は，何を，どうのように世話して育てようとしたか。成長していく様子からどんな思いを感じていたか，世話と成長との関係をどのように捉えていたかなどを思い出して，自由に話し合ってみよう。対象への気付き，自分自身への気付きとはどのようなことか分かってくるに違いない。

(3)「対象への気付き」から「自分自身への気付き」へ

生活科における「気付き」は，ひと・もの・ことなどへの「対象への気付き」と，成長した「自分自身への気付き」に分けることができる。自分自身への気付きが大切にされているところに生活科の特徴がある，

「対象への気付き」は，具体的な活動や体験を通して生まれてくるものであり，自分を取り巻く環境である身近な人々，社会及び自然がもっている固有の特徴やよさを感じたり捉えたりすることである。また，「自分自身への気付き」は，学校においてみんなと生活する中で集団における自分の存在に気付いたり，自分のよさや得意なこと，好きなことや興味・関心をもっていることに気付いたり，自分の心身やできるようになったことなど自分の成長に気付いたりすることなどである。

例えば，ミニトマトのお世話をして育てていくうちに，その成長を感じて，「ミニトマトのトマちゃんが大きくなったのは，毎日水やりを頑張ったからだと思いました。」「私もトマちゃんに負けないように，勉強や運動を頑張ろうと思いました。」のように，自分が対象に働きかけたことに手応えを感じたり，ミニトマトの成長に自分自身を重ねて考えたりしている姿に「自分自身への気付き」を捉えることができる。

このように，「対象への気付き」が自分の成長を支えてくれている友達や先生，身近な人々の存在に気付くことにつながっていき，自ら成長への願いをもって意欲的に生活することができるようになっていくことが，「自立し生活を豊かにしていくこと」につながっていくことになる。生活科では，このような自分の成長につながる「自分自身への気付き」が生まれるように促していくことも**気付きの質を高める**[*2]こととして大切にされている。

このように，生活科の学習では，教師の行う単元構成や学習環境の設定，見付ける，比べる，たとえる，試す，見通す，工夫するなどの多様な学習活

＊2　気付きの質を高める：「2008 解説（生活）」で登場した言葉である（p.64）。
一人一人に生まれる気付きは，無自覚であることも多いが，無自覚な気付きから自覚された気付きへ，個別の気付きから関連付けられた気付きへ，また，対象への気付きから自分自身への気付きへと気付きの質の高まった深い学びにしていくことが求められている。

動を工夫していくことが教師の子供への働きかけの方向性として考えられる。また，子供自ら無自覚だった気付きを自覚したり，個別の気付きを関連付けたり，視点を変えて捉え直して対象への気付きを自分自身の成長に重ねたりして，気付きの質を高めていくことにつながっていく。このように，必要に応じて教師が適切な働きかけをしていくことで，生活科における「深い学び」につながっていくのである。

5.3 気付きの質の高まりと「深い学び」

(1)「身近な生活に関わる見方・考え方」を生かすこと

今回の学習指導要領の改訂では，各教科等の目標において，「教科等を学ぶ本質的な意義」を明確にした**見方・考え方**[*3]が示されている。これは，汎用的な学力として小・中・高の学校教育全体を通して「育成を目指す資質・能力の三つの柱」を提示するとともに，各教科等独自の特質についても明示し，その育成を図っていくことを目指したものである。

*3 **見方・考え方**:「2017解説（生活）」によれば，「どのような視点で物事を捉え，どのような考え方で思考していくのか」ということであり，各教科等を学ぶ本質的な意義でもある。また，大人になって生活していくに当たっても重要な働きをするものであり，教科等の教育と社会とをつなぐものでもある（p.10）。

生活科における「見方・考え方」は，教科目標の柱文にあるように「身近な生活に関わる見方・考え方」と示されている。「身近な生活」において出会う具体的な活動の対象は，身近な人々，社会及び自然であり，それらの対象を自分との関わりで捉えていく。この「自分との関わりにおいて対象を捉えること」が，生活科における「見方」である。また，よりよい生活に向けて「自分の思いや願いを実現させていくこと」が，生活科における「考え方」である。生活科の授業では，身近な人々，社会及び自然を自分との関わりで捉え，よりよい生活に向けて思いや願いを実現していくことが求められる。

生活科の学習では，生活科における「見方・考え方」を生かして，身近な生活に目を向けて対象を捉え，比較したり，分類したり，関連付けたりして考えるとともに，試したり，予測したり，工夫したり，自ら働きかけて新たな活動をつくり出したり，様々な気付きを生んだりすることにつながっていく。そこに教師の適切な働きかけが加わることで，気付きを自覚したり，関連付けたり，自分の成長に重ねて捉えたりしていくなどの気付きの質の高まりが生まれていく。また，新たな気付きは次の新たな活動を生み出す原動力にもなって，これらがスパイラルに連続していくことで「深い学び」につながっていくのである。

学びのポイント

「小学校学習指導要領」の各教科等の目標から，それぞれの「見方・考え方」を書き出して，各教科等の特質について，これまでの児童生徒の立場での学習経験も思い出しながら話し合ってみよう。各教科等の特質が，より明確になってくるに違いない。

このように，生活科の授業においては，「身近な生活に関わる見方・考え方を生かす」とともに，具体的な活動や体験を通すことや，活動と思考が一体的であること等の低学年の発達段階に即した生活科固有の授業原理を踏まえ，幼児期の育ちとの接続も図りながら「深い学び」につなげ，生活科で目指す資質・能力の育成を実現していくことになる。

(2) 生活科における「深い学び」

前項でも述べたように，生活科の特質を表した「身近な生活に関する見方・考え方」は，「自分との関わりで対象を捉えること」，「思いや願いの実現」に向けて考えたり判断したりしていくことでもある。この生活科の特質を生かした物事を捉える視点や考え方は，具体的な活動や体験を通しながら生活科の特有の学びの過程を通じて 気付きの質の高まりを目指すものであり，このことこそが，生活科の「深い学び」と捉えることができる。

生活科における「**主体的・対話的で深い学び**[*4]」については，「小学校学習指導要領 第2章第5節 生活」(2017) の「第3 指導計画の作成と内容の取扱い」第1項目の (1) に，次のように記されている (p.114)。

> 1　指導計画の作成に当たっては，次の事項に配慮するものとする。
> (1) 年間や，単元など内容や時間のまとまりを見通して，その中で育む資質・能力の育成に向けて，児童の主体的・対話的で深い学びの実現を図るようにすること。その際，児童が具体的な活動や体験を通して，身近な生活に関わる見方・考え方を生かし，自分と地域の人々，社会及び自然との関わりが具体的に把握できるような学習活動の充実を図ることとし，校外での活動を積極的に取り入れること。

ここには，生活科の授業において実践を充実させるための具体的な視点が示されている。

一つは，生活科の年間や，単元などの内容や時間のまとまりを見通すことである。生活科の授業づくりでは，9つの内容を順番に行ったり，一つ一つの内容を別々に取り扱ったりするのでなく，秋みつけからおもちゃ作りへ，まち探検から交流会へ展開するなど，複数の内容が組み合わされて単元が構成されることが多い。そのような内容や時間のくくりの中で，活動が広がったり対象と何度も繰り返し関わったりする時間的なゆとりも確保して，一人一人の気付きの質が高まって「深い学び」に至るようしていくことが大切で

＊4　主体的・対話的で深い学び：今回の学習指導要領の改訂では，総則に「主体的・対話的で深い学び」の実現に向けた授業改善を進めることが示されている。また，各教科等の「第3 指導計画の作成と内容の取扱い」において，単元や題材など内容や時間のまとまりを見通して，その中で育む資質・能力の育成に向けて，「主体的・対話的で深い学び」の実現に向けた授業改善を進めることが示されている。

ある。

二つ目は，自分と地域の人々，社会及び自然との関わりが具体的に把握できるような学習活動を行うことである。積極的に地域のひと・もの・ことと関わる機会を設けていくことで，地域の人の良さや自然に直接触れたり，公共施設を利用してその便利さを感じたりと，諸感覚やコミュニケーション能力を働かせて関わる活動が，実感・納得を伴った理解へと学びを深めていくことにつながっていく。

三つ目は，校外での活動を積極的に取り入れることである。生活科の授業は，教室の中でのみ行われるものではない。積極的に校外に出て活動し，まちの様子を知り，地域の人と話したり，公共施設を訪ねて利用したり，地域の自然に直接触れたりして，そのよさを感じ取ることができるようにしていく。校外での活動を取り入れる際には，①目的にあった活動場所であること，②活動時間を十分確保すること，③事前打合せを十分に行うこと，④子供の安全確保に十分配慮すること等が欠かせない。安心・安全を確保した上で，対象と十分関わることができるようにしていくことが，様々な気付きから学びを深めていくことにつながっていく。

このように，多くの気付きが生まれ，気付きを基に自分自身や生活について考え表現することにより，気付きの質が高まっていく。そして，対象が意味付けられたり価値付けられたりして，出会った学習対象が自分にとって一層大切な存在になっていくことも「深い学び」の一つの姿と捉えることができる。

学びのポイント
これまで受けてきた各教科の授業を思い出し，1単位時間や単元の展開について話し合ってみよう。各教科特有の学習過程の特色が明確になるに違いない。また，各教科等と比べて，生活科の学習過程の特徴をつかむことができるはすである。

(3) 学習過程の充実と「深い学び」

気付きの質が高まり「深い学び」に至る学習にしていくためには，学習過程の充実が欠かせない。例えば，思いや願いを実現していく過程では，一人一人の子供が自分との関わりから対象を捉え，「身近な生活に関わる見方・考え方」を生かした学習活動が充実するようにしていく。そして，気付いたことを基に考え，新たな気付きを生み出したり，関連的な気付きを獲得したりするなどの「深い学び」を実現できるようにしていく。低学年らしい感性により，感じ取ったことを，その子らしい実感の伴った言葉で表したり，気付きや事象を関連付けて捉えようとしたりしている子供の姿を見取り，適切な働きかけをしていく教師の支援も大切である。

生活科の学習過程については，中央教育審議会答申（2016）[*5]において，次

＊5 中央教育審議会(2016)「幼稚園，小学校，中学校，高等学校及び特別支援学校の学習指導要領等の改善について（答申）」(平成28年12月21日)

の①～④の学習過程が示されている。

① 思いや願いをもつ	② 活動や体験をする
② 感じる・考える	④ 表現する・行為する（伝え合う・振り返る）

単元の学習展開を構想し計画を立てるにあたっては，この学習過程を基本として作成していくことが重要である。しかし，ここに示された学習過程は，①～④が順序よく繰り返されていくものではなく，順序が入れ替わることもある。また，活動の中に複数のプロセスが一体化して同時に行われる場合もある。加えて，必ずしも１時間あるいは単元に当てはまるものでもないことに注意する必要がある。大切なのは子供の活動意識であり，教師は子供の様子を見取りながら，子供の思いや願いの実現に向けて充実した学びとなるよう，計画を柔軟に修正しながら学習を展開して行くことである。

また，子供が体験活動と表現活動を相互に繰り返しながら，学習活動の質を高めていけるようにしていくことも大切である。何度も対象と関わりながら，表現し考えることを繰り返すことで，気付きを自覚し確かなものにしていくことができる。自分の気付きや発見を友達と交流し伝え合う活動を通して，それぞれの気付きを関連付けることにもつながる。気付きを自覚したり，関連付けたり，視点を変えて捉えたりすることが気付きの質を高めることであり，そのことこそが生活科における「深い学び」の姿なのである。

ここまで繰り返してきたように，生活科においては，気付きの質の高まりが「深い学び」であると捉えることができる。次の新たな思いや願いを生み出すために，学習過程において，**振り返り**[*6]の時間を充実させたり，振り返りの時間を各時間の授業の終末に固定することなく，単元の節目で適切に行ったりすることなどの工夫をすることも大切である。

＊6　振り返り：振り返りは，学習のまとめではない。ひとまとまりの活動を通して，自分が感じたことや考えたこと等，特に，心が動いたことや気になったことを言葉にして書いたり発言したりすることである。また，小単元や単元末等の学習を締め括る時間において自分の学びを俯瞰してみることも，「深い学び」につながる大切な振り返りである。

第6章 生活科における学習活動と個別最適な学び

6.1　生活科の学習活動と学習指導のポイント

(1) はじめに

生活科は,「具体的な活動や体験を通して学ぶ」ことが欠かせない。授業では,教科書や映像等の間接的な情報だけで事実的な知識を得るのが主目的ではなく,「自分の思いや願いをもち,そのための具体的な活動や体験を行い,対象と直接関わる中で感じたり考えたりしたことを表現したり,行為したりしていく過程」(「2017解説(生活)」p.75)によって,生活科が目指す資質・能力が育成されていく。一人一人の子供の思いや願いを大切にする生活科の学習は,個々の子供に応じた「**個別最適な学び**[*1]」を実現しているものと考えることもできる。

本章では,生活科でよく行われている「探検」「世話」「遊び」といった学習活動を例として,生活科の学習指導のポイントから学んでいくことにする。

(2) 様々な学習活動の事例から

①「○○たんけんをしよう」

「○○たんけん」は,入学直後の「学校たんけん」や,2年生でよく行われる「町たんけん」,地域の「図書館」「公園」「商店街」のたんけんなど,生活科では定番の学習活動である。3年生の社会科でも,地域に出かけて調べる活動を行うが,社会科では,地形や交通などの地理的な特徴,施設の役割や状況,商店の販売の工夫など,社会科の目標を達成する「内容」があるのに対し,生活科では,こうした事実的な知識の習得を第一とせずに,「自分との関わり」や「人との関わり」に視点をおいて,地域のよさや特徴などに気付き,考えることが重要になる。

例えば,3年生の商店街見学では,「このお店は,お客さんにたくさん買っ

＊1　個別最適な学び:「指導の個別化」と「学習の個性化」など「個に応じた指導」を学習者視点から整理したものである。「指導の個別化」は,一定の目標を全ての子供が達成することを目指し,個々の子供に応じて異なる方法で学習を進めることであり,その中で子供自身が自らの特徴やどのように学習を進めることが効果的であるかを学んでいくことなども含む。

「学習の個性化」は,個々の子供の興味・関心等に応じた異なる目標に向けて,学習を深め,広げることを意味し,その中で自らどのような方向性で学習を進めていったら良いかを考えていくことなども含む(文部科学省,2021)。

表6-1 「○○たんけん」における子供の学びの姿

学習対象	学校内，町（地域），公園，商店など子供の身近な場所や施設
対象と出会う段階	・対象の場所を友達や教師と訪れる。自由に探索する ・興味あるものを観察する。気になることを見付ける ・そこにいる人と出会う，挨拶をする ・もう一度行きたい場所やもっと調べたいことを考える　など
思いや願いを実現する段階	・もう一度訪れて，詳しく観察する。絵や文，写真などで記録する ・場所や施設等の名称や役割を知る ・そこにいる人から話を聞く，質問する，仲よくなる ・お気に入りの理由や特徴などについて考える。他の場所と比べる　など
まとめ表現，ふりかえりの段階	・気付いたことや思ったことを文や絵，写真で表す。別の言葉にたとえて表現する ・考えたことなどを友達や先生に伝え合う　など
安全への配慮	・移動時は走らない，記録する際は安全な場所で行うなどの事前指導を十分に行う ・校外では，子供の前後に大人を配置するなど事故防止に留意する　など

てもらうために，○○の工夫をしている」のような社会科としての知識や思考を大切にするのに対して，生活科で商店を見学した子供は，「ここは，おばあちゃんと一緒に買い物に行くお店で，いつもおまけしてくれるよ」とか，「ここは，毎年，私の誕生日にケーキを買うお店だよ」といった自分との関係で捉える要素を大事にしたい。

「たんけん」で一人一人が気付いた内容は異なるが，学級での伝え合いの中でそれぞれの特徴や共通点について考えていく中で，「この学校（町）にはたくさんの人がいて，みんなが楽しく安全に生活できるように働いている」や「この学校（町）には素敵なところがたくさんある」など，生活科の目標を達成できるように気付きの質が高まり，対象に対する愛着も深まっていく。

「たんけん」という活動は，子供がそれまで何度も訪ねている身近な場所であっても，**ワクワク・ドキドキ感を高め**[*2]，改めてその場所をよく観察したり，人と話をしたりして，新たな発見を生み出す。それを友達に伝えることで，無自覚だった気付きが自覚できるようになっていく。1年生の「学校たんけん」も，教師の「学校案内」ではなく，「走らない」「大声を出さない」などの最低限の約束以外はできるだけ自由に探索できるようにしたい。

＊2　ワクワク・ドキドキ感を高める：例えば学校探検の際，普段は鍵がかかっている部屋は，いつも通りにしておき，子供が「鍵がかかっている部屋があった」ことに気付くようにしたい。鍵を借りるにはどこに行って，どのように頼めばよいのか，また，なぜその部屋には鍵がかかっているのかなどを，教師が先回りして，事前指導しすぎないことも生活科のポイントである。子供のワクワク・ドキドキ感が学びを深めるエネルギーになる。

②「○○を育てよう」

②では，理科の学習との比較で考えてみる。朝顔の栽培は，生活科新設前の1年生の理科でも行われていた。種まきから開花・結実という一連の生長に関わるのは同じだが，ここでも，いわゆる科学的な知識を全員に習得させることが第一の目標ではない。特に，今次の学習指導要領の改訂では，飼育栽培する対象に「**働きかける**[*3]」という文言が加わったことに注目したい。植物の生長に関する知識を得るなら観察だけでもできるが，生活科では，「私

表 6-2 「飼育・栽培」における子供の学びの姿

学習対象	花や野菜などの植物栽培，虫や小動物，魚などの生き物の飼育
対象と出会う段階	・種をまく，苗を植えるなどにより，栽培を始める ・虫を見付けて遊ぶ，飼育するなどにより，生き物と親しむ　など
思いや願いを実現する段階	・毎日，水やえさを与えるなど，継続して世話をし，進んで働きかける ・成長の様子をよく見て，日々の変化などに気付く。虫や小動物と一緒に遊ぶ ・よりよい世話の仕方を調べたり，考えたりする　など
まとめ表現，ふりかえりの段階	・成長の様子を「はっけんカード」などに記録する ・成長の様子やよりよい世話の仕方などについて，伝え合う ・成長の様子を時系列でまとめるなどして活動を振り返る　など
安全への配慮	・飼育前に保護者に伝え，小動物の体毛等のアレルギーに関する確認をしておく ・虫探しでは，「チャドクガ」，「スズメバチ」などを見付けたら，触らずに離れるなどの事前指導をしておく。教師は，こうした生物の生息しやすい時期や場所等を理解しておき，万が一，刺された場合の対応についての知識をもっておく　など

の朝顔」として，親しみをもち，主体的に世話することが重要である。

例えば，朝顔に名前を付け，「大きくなってね」「綺麗に咲いてね」と毎日話しかけている子供に，先生が「朝顔さんはどんなお返事をしてくるの」と尋ねると，「『毎日，〇〇ちゃんがお水をくれるから嬉しい』って言っている」と答える事例もある。科学的な思考としては疑問を感じる人もいるだろうが，自分が大切にしているぬいぐるみに話しかけることがあるように，6 歳児の発達段階からは納得できる考え方であろう。こうした感覚には個人差もあるが，植物の生長に関する気付きや生命尊重の視点からも大切にしていきたい。

なお，「飼育・栽培」は，必ず 2 年間にわたり学習すると定められている。これは，自然に接する機会が少ない昨今の子供に機会を設けることに加え，1 回目の飼育・栽培の体験から学んだことを次の学習機会に活かすという重要な意味がある。例えば，「町たんけん」や「おもちゃ作り」では，気付いたことを確かめるために再度訪問する，考えた工夫を次の授業で試すなど「繰り返し」の学びをすぐに行えるが，飼育・栽培では同じ状況に戻ることはできない。そこで，1 年生の花の栽培で学んだことを 2 年生の野菜の世話で活かすことや，虫の飼育で，「生き物にはそれぞれによりよい環境がある」ことに気付いた子供が，小動物の世話では，飼う前に適切な環境を図鑑で調べようとするなど，以前の経験を活かして学びを深めることが期待される。

③ 「〇〇で遊ぼう」

①，②では，社会科や理科と生活科との違いについて記したが，③では，「動くおもちゃ」を例に，中学年以降の理科との接続を考えてみる。

この学習活動では，「もっと高く，もっと速く動かしたい」などの子供の

＊3　働きかける： 生活科では，児童が自ら，身近な人々，社会及び自然に働きかけることを重視している。

「児童が思いや願いに基づいて，身近な人々，社会及び自然に，自分から接近し何らかの行為を行うことである。自分から働きかけることにより，そのときのドキドキした気持ちやワクワクした気持ち，満足感や達成感などのやり遂げたという気持ちを強く味わうことができる。こうした自分自身の姿，変容や成長を捉え，自分自身についてのイメージを深めたり，自分のよさや可能性に気付いたりしていくことが大切である」（「2017 解説（生活）」p.16 参照）。

表 6-3 「○○遊び」における子供の学びの姿

学習対象	身近な自然（葉，木の実，石など），身近な物（容器，紙，ゴムなど）
対象と出会う段階	・素材そのもので遊ぶ。素材同士を簡単に組み合わせて遊ぶ ・友達の作ったものを見てまねる　など
思いや願いを実現する段階	・自分の好きな（楽しい，きれいな）形に仕上げる ・動くおもちゃを作る。より高く，速くなど，見通しをもって，おもちゃを改良する ・友達と一緒に遊ぶ。ルールを決めて競争する。遊び方を工夫する ・おもちゃ大会を企画して，1 年生や園児を招待して遊ぶ　など
まとめ表現，ふりかえりの段階	・ゴム，風などおもちゃの動き方と「動力」の関係に気付く ・作り方をまとめて，自分の「おもちゃ図鑑」として表現する　など
安全への配慮	・「はさみ」「カッター」等の安全な使い方，受け渡し方などの事前指導をする ・木の実に穴をあける「きり」や「ハンドドリル」の使用では，教師が補助する　など

思いや願いを膨らませ，試行錯誤しながらおもちゃを改良したり，工夫したりする学習活動が進められていく。下の表で具体的にイメージしてみよう。

このように，子供が自分の思いや願いを実現していく過程で，ゴムや風など動力（エネルギー）とおもちゃの動き方の関係について気付き，**中学年以降の科学的な見方・考え方の基礎となる資質・能力***が育まれていることを教師としては意識していきたい。ただし，3 年生の理科で学ぶ知識を先取りすることが主目的ではないので，他の子供の発言の共有化によって，子供自身が体験していない「動力の仕組み」について教え込む必要まではない。

学びのポイント
＊中学年以降への接続
ここでは，生活科の「動くおもちゃ」と 3 年生の理科との接続の事例を示した。そのほかの単元のでも，理科や社会との接続に関係しそうな学習活動について考えてみよう。

表 6-4 「動くおもちゃ」における気付きの質の高まりの例

分析的な思考力	見付ける	「太いゴムを使ったら，高く飛び上がったよ」
	比べる	「ゴムを二重にしたら，前よりも速くなったよ」
	たとえる	「球がロケットのように飛んでいったよ」
創造的な思考力	試す	「ゴムを三重にしたら，もっと速く動くのか試してみる」
	見通す	「筒の太さと玉の大きさをぴったりにすると，たぶん上手く飛び出すよ」
	工夫する	「たくさん風を受けるよう，後ろに割りばしを立てて補強してみたよ」

6.2 生活科の学習における表現活動

(1) 表現活動の意味・意義

「表現する」学習活動は，他教科においてもよく行われているが，生活科では，より重要な意味をもっている。

他教科で「新聞形式で表現する」場合は，理解したことや考えたことなど，「単元を通して学習した『結果』をまとめ，表現する」ことが多い。しかし，生活科では，学習の「過程」における「表現」に，その特徴がある。

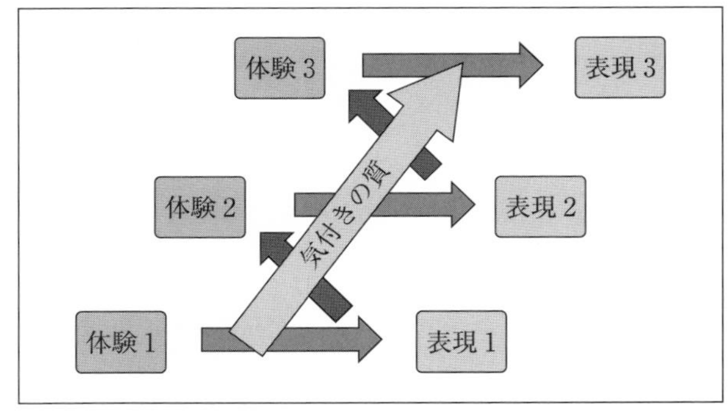

図 6-1　体験と表現の繰り返しによる気付きの質の高まり

体験活動では無自覚だった気付きが，表現活動や言語化によって頭の中で整理され，気付きの質が高められていくことや，次に「試してみたい」という思いや願いが明確になり，それを確かめるための体験活動を行う意欲につながるなど，「体験」と「表現」は，相互に関連し合い，生活科の学びを深めていく際に欠かせない一体的な学習活動である（**図 6-1**）。

(2) 子供の表現活動のポイント

表現活動を行う場合，子供には，①目的（何のために），②相手意識（誰に），③方法（どのように）をよく考えるようにしたい。目的や相手に応じて，絵で表すのがよいか，言葉で説明するのがよいか，また，紙で表すのか ICT を活用するかなど，子供の思いや願いに応じて，選択できるようにしたい。

低学年の子供は，他の人が理解できる明確な言葉で表現できない場合もある。朝顔のつぼみが膨らんできた様子について，「渦巻きのように」とか「螺旋状に」といった言葉を知らない子供でも「ソフトクリームのようにぐるぐる巻きになっている」とか，「傘と同じように，開く前は閉じていて，パッと開く」のように「たとえる」表現で，自分の考えを説明することができる。

また，言葉だけでは説明が難しい場合には，絵に矢印を描いて，「この部分が不思議」のような表現の仕方で伝えることもできる。そうした際には，教師は子供と会話しながら，その思いを引き出したり，受け止めたりしていくことで，子供の「もやもやとしたイメージ」を整理し，明確化する支援なども大切である。

表 6-5　目的や相手意識をもって表現する姿

目的に応じた様々な表現方法の例	・自分の思いや願い，気付いたことなどを絵や文で表す ・「紙芝居」や「絵巻物」，「すごろく」など時間の流れが分かる形式で表す ・インタビューの様子を「劇」や「動作化」して表す ・タブレットの写真を意図的に選定し，順番に見せながら説明する

6.3　生活科の学習活動と個別最適な学びの実現

(1) 生活科の学習における個別最適な学び

生活科は，自分の思いや願いを基に具体的な活動や体験を通して学ぶことが基本であり，その意味では，すべてが個別最適な学びであることが期待される。

その点について，「学習活動」や「表現活動」の視点から整理してみる。

例えば，「動くおもちゃ」の学習活動では，はじめに全員共通の素材で簡単な動きのおもちゃを作り，次に，一人一人が「速く動く車を作りたい」「遠くまで玉を飛ばしたい」など，自分が作りたいおもちゃに相応しい素材や動力（ゴム，空気，おもり，じしゃくなど）を選択する学習活動が進んでいく。

また，植物の観察記録を「はっけんカード」にかく場合，例えば，①「絵を大きく，文を少なくかくことができるカード」，②「絵と文を半分ずつかくことができるカード」，③「虫眼鏡の絵を印刷したカード」など複数のカードを用意しておくと，自分が気になった部分や不思議だと思った部分を強調して表現したい子供は，③のカードを選んで，そこをアップにかくことができるなど子供の個別最適な学びの実現に向けた支援を行うことができる。

(2) 一人一人の学びが充実する学習活動のポイント

生活科では，子供の思いや願いを実現することが重要であるが，教師は何もせずに放任しているのではない。教師は，その活動や体験が子供の思いや願いを実現できるのか，単元の目標を達成できるのかなどを考えながら授業を計画し，学習環境を整え，子供の支援を行っていく必要がある。

一人一人の子供の学習活動を確かなものとするポイントとして，「2017解説（生活）」では以下の四つがあげられている（pp.95-99）。

① 試行錯誤や繰り返す活動を設定する ② 伝え合い交流する場を工夫する ③ 振り返り表現する機会を設ける ④ 児童の多様性を生かし，学びをより豊かにする

① 試行錯誤や繰り返す活動を設定する

低学年児童が体験や活動を行う際，学習開始前から十分な見通しをもって着実に進めていくことは難しい。「おもちゃづくり」で考えると，一つ目は，目の前の素材から発想して作るケースがある。公園で拾った木の実を見て，「ドングリでコマを作りたい」「ドングリと工作用紙で迷路を作って遊びたい」などである。二つ目は，子供が予め作りたいものを考えて材料を用意して作るケースである。後者では，「こんな形の動く車を作りたい」と簡単な設定図を考えて作り始めることもある。しかし，いずれの場合でも作りながら試行錯誤を繰り返し，自分の思いや願いを実現していく。「作って動かす」→「うまくいかない原因を考えて改良する」→「また動かして考える」→「友達のおもちゃを見て更に改良方法を考える」といった試行錯誤を続ける学習過程が，低学年児童の学び方である。

② 伝え合い交流する場を工夫する

子供は，活動中に様々なことに気付き，考えを深めていく。それを伝え合い**交流する**[*4]ことは，一人一人の気付きを他の子供にも共有することであるが，他の子供に伝えることで，半ば無自覚だった本人の気付きを質的に高めていく学び方であることを再確認したい。気付いたことを友達にも理解できるよう言語化する中で，「夏は○○だったけど，秋は△△だった」など比較する考え方に気付いたり，「ここを◇◇のようにしたから，うまくいった」など，見通しをもって試す考え方や，その因果関係に気付いたりするのである。

また，「伝え合い」は，教師による意図的な設定もあるが，学習活動の中で，近くに居た子供同士で自然発生的に行われるものもある。生活科では，こうした「つぶやき」なども貴重な学習の機会であることを理解しておくと，それを次の学びにつなげていくことができる。

*4　**交流する**：生活科では，内容 (8)「生活や出来事の伝え合い」の学習活動において，「進んで触れ合い交流する」ことが位置付けられている。しかし，(8) だけでなく，他の内容においても，他者と共に学ぶ重要な機会として，言語によらない関わりを含め，多様な方法によって能動的に関わり合っていこうとする態度を大切にしたい。

③ 振り返り表現する機会を設ける

生活科では，活動や体験したことを言葉などによって表現することで，気付きの中身が整理され，明確なものとなる。また，気付きを言語化することによって，友達とも共有できるようになる。そこで，教師は，子供の具体的な活動や体験を意図的・計画的に振り返り表現する機会を設けることが重要となる。こうした「表現活動」の意義やポイントは，前節で述べたが，「振り返り」という活動も，自立した学習者を育てていくうえで，とても大切な要素である。

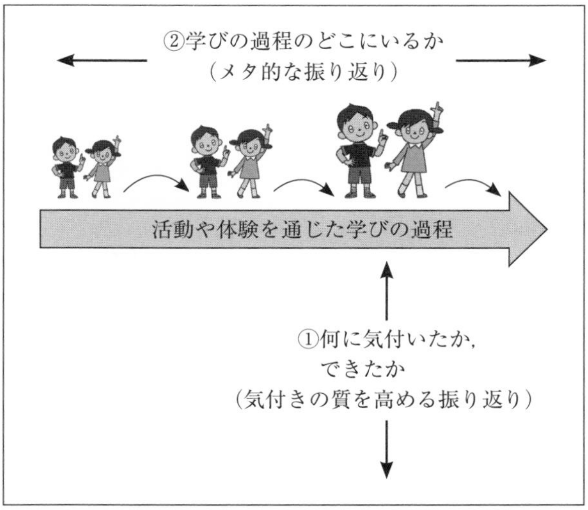

「振り返り」によって，自分が学びの過程のどこにいるかを認識し，次回取り組むことを子供自身が見通したり，自分の取り組み方や準備などを調整したりすることにつながる（図6-2）。「振り返り・表現活動」には，こうしたメタ認知的な要素もあることを理解したい。

図 6-2　振り返り・表現活動の方向性

（出所）中田正弘（2020）p.18 を修正して作成

④ 子供の多様性を生かし，学びをより豊かにする

子供の日常生活や環境，これまでの既有経験などは，一人一人異なるものがある。生活科の学習活動では，誰にも普遍的で客観的な知識として整理される前の，その子供との関係の中で生まれる多様な学びが深まっていく部分も大きい。

こうした豊かな学びを保障するには，生活科の学習活動でのやりとりはもとより，日頃から教師や子供同士が一人一人の発言を大切に扱い，それぞれのよさや多様性を認めあえる学級の雰囲気をつくることが大切になる。

6.4　生活科におけるICTの活用

(1) ICT活用の基本的な考え方

タブレット等を１人１台持つ時代を迎え，その活用はこれからの時代に生きる子供にとって当たり前の環境となり，積極的に取り入れられている。しかし，生活科では，従前の諸感覚を活かした直接体験による情報収集や手書きの表現等の活動のすべてをデジタルに置き換えることがよいとはいえない。

生活科で目指す資質・能力の育成への手立てとして有効か，ICTの活用自体が目的化されていないかを教師として明確にし，効果的に活用したい。また，ICTを活用することで，体験活動の質が一層高まるようになることを心がけたい。

(2) ICTの活用事例

ここでは，「町たんけん」の単元の流れに沿って生活科におけるICT活用のポイントを説明する。

単元開始時の現地での情報収集の際には，説明内容や気付きは紙にメモしていき，施設の様子や自分が「すてき」と感じた物などはタブレット端末で撮影すると，絵で描くのに比べて，滞在時間の制約に左右されず，短時間で必要な記録ができる。子供が撮影した写真を見ると，教師なら撮影しないと思うようなものもあるが，後で撮影理由を聞くと，そこにはそれぞれの思いや気付きがあることが分かる。タブレットでの撮影によ

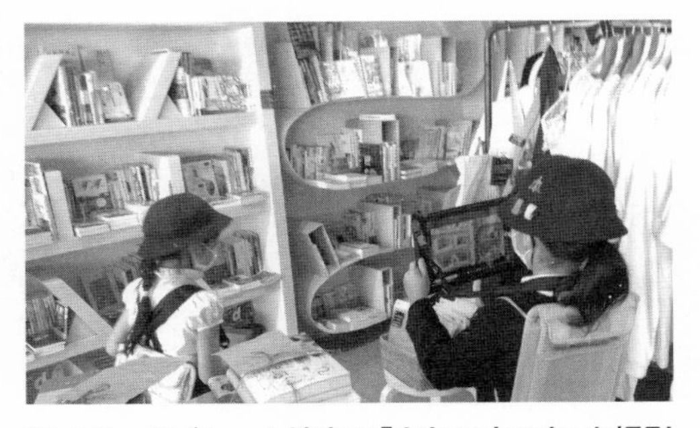
図6-3　タブレット端末で「まちのすてき」を撮影

学びのポイント

タブレット端末等を使って，あなたが感じる町やキャンパスの写真を撮ってみよう。そして，それが自分にとってなぜ「すてき」なのかを同僚や友達と話し合ってみよう。すてきと考えた理由はそれぞれで，そこに自分と対象とのつながりがある。生活科で大切にしたい点である。また，こうした活動を自ら体験し，同僚や友達と話し合うことで，それぞれの思いや経験に違いがあることに気付くとともに，単元を構想していくうえで，大切な教材研究になる。

ってたくさんの情報を集めることは，量的な充実だけでなく，特定の物をアップで撮影したり，短い動画で撮影したりするなど，子供の思いを多様に表現できるツールとしての効果があり，表現活動の質的な充実でもある。また，写真やビデオなどの静止画や動画を見ることで，改めて確認したいと思いが高まり，体験活動の質の高まりにつなげていくことも期待できる。

単元中盤では，手書きの記録カードに加え，デジタル撮影したたくさんの写真を見比べて，気付いたことを整理することができる。また，自分が見付けた「すてき」を友達に伝えるために，説明に適した写真を選んだり，写真にキーワードを付け加えたりする活動を行う。

単元終盤で，まちの「すてき」を紹介しあう場面で，教師が「これまでに見付けた『すてき』の中から三つを選ぶこと」などと投げかけることによって，子供の思考がさらに活発に働き始める。自分が特に「すてき」と感じたものを厳選するために，記録カードや写真を何度も比べてよく考え，選んだ理由を友達に伝えたり，質問を受けたりする活動を繰り返していく中で，気付きの質がさらに高まっていく。単元のまとめでは，自分の見付けた「すてき」と友達が見付けた「すてき」には共通点があり，それが「自分のまち全体のすてき」であるとの気付きにつながり，まちへの愛着も育む学習活動となっていく。

表 6-6　生活科における ICT 活用が考えられる学習活動の例

対象と出会う段階	・学習対象（飼育栽培しているもの，自然，町の様子等）をタブレットで撮影する ・教科書の QR コードを読み込んで，写真や動画を見る ・オンライン図鑑で，映像や動画を見る ・テレビ電話やオンラインツールを活用して，地域の方や専門家等から話を聞く　など
思いや願いを実現する段階	・写真をじっくりと見たり，複数枚を見比べたりして，その特徴を考える ・撮りためた植物の生長の様子や自然の変化を見直して，違いを比べる ・友達のカードを同時にたくさん表示して，共通点を探す ・デジタルの思考ツール等で，子供の意見を比べたり，整理したりする　など
まとめ表現，ふりかえりの段階	・撮影した写真を使って，観察カードで表現する ・観察したものを描画機能によって絵や文で表現する ・スライドショーで考えたことを表示したり，時間の流れにそって表示したりする　など

この事例のように，タブレット端末を活用した学習活動・表現活動は，個別最適な学びを実現する可能性を高める。一方，ICT 活用自体が目的ではなく，生活科の学習の手段として効果的に用いられていくことが重要となる。

第7章　生活科における指導計画

学校では，教育目標の実現を目指し，学習指導要領を基準に教育課程を編成し，教育活動を展開する。学校における教育活動は，意図的な営みであり，指導計画によってそれが保障される。各学校で作成する指導計画には，各教科等・学年ごとに１年間の学習を見通す年間指導計画のほか，単元ごとの指導計画，１単位時間の指導計画などがある。本章では，年間指導計画及び単元指導計画を取り上げ，作成の手順や留意点などを解説する。

7.1　生活科における年間指導計画

生活科の年間指導計画を作成するにあたり，まずは生活科の趣旨を理解することが大切である。生活科は，具体的な活動や体験を通して学ぶ教科であり，個を育てることを大切にする教科である。２年間を見通しながら，子供に，どのような対象と出会わせ，どのような活動や体験を通して，どのような気付きをもたせることができるかなど，育成を目指す資質・能力を踏まえ，

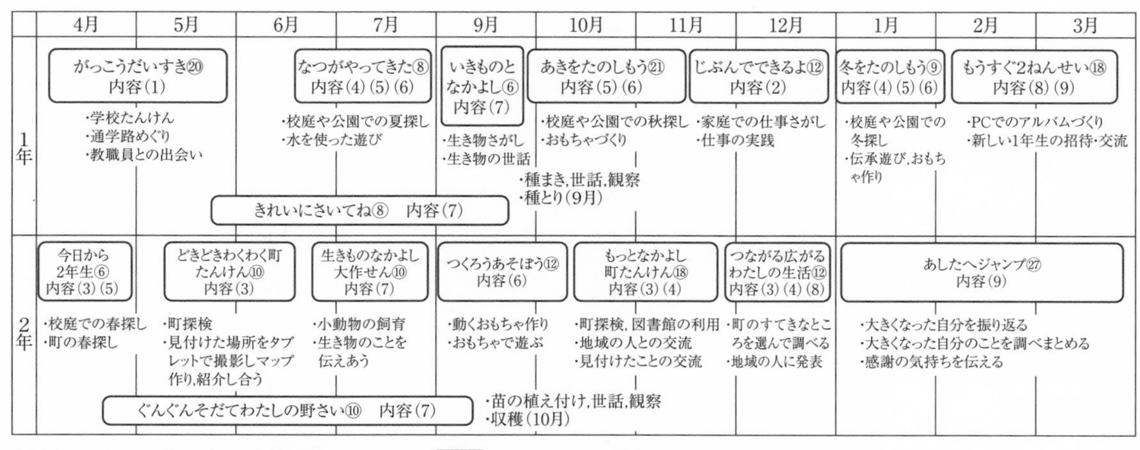

○数字は時間数，( ) 数字は学習指導要領の内容，［枠］の下は，主な活動や体験

図 7-1　生活科年間指導計画（例）

（出所）東京書籍『あたらしいせいかつ』（令和２年度版）を参考に作成

子供の具体的な姿をイメージしながら作成していくことになる。

年間指導計画に定型はない。**図7-1** は単元名，内容，活動時期，主な活動や体験，予定時数等を要素として表した例である。その他，活動場所や関わる人々等の学校内外の教育資源等を表しているものもある。

7.2 年間指導計画作成上の留意点

各学校では，特色を生かした**カリキュラム・マネジメント**[*1]を行い，教育課程に基づいて，教育活動の質の向上を図ることが期待されている。以下，カリキュラム・マネジメントを意識した指導計画作成について解説する。

(1) 子供一人一人の実態に配慮すること

生活科では，例えば，自然物を使って遊んだり，動植物を育てたり，公園などの公共施設に出かけて活動したりする。また，目的を実現するために試行錯誤したり，友達と協力して取り組んだり，体験して気付いたことを言葉や絵などで表現したりする。こうした生活科の学習に対して，一人一人がどのような経験や実態を持っているか，また，生活上必要な習慣や技能をどの程度身に付けているか，学習を進める上で特別な困難はあるかなど把握しておくことは，どの内容を，いつどの程度の時間数で実施するか，そこでどのような活動や体験をさせるかなど検討する材料になる。

また，子供の実態を理解し，配慮していくうえで，家庭をはじめ，幼稚園・認定こども園・保育所などの協力を得ることも有効である。

(2) 学校や地域の環境を理解し，生かすこと

生活科は，子供の日常の生活圏を学習の場とするため，地域のどこにどのような学習の素材があるかを理解しておくことが欠かせない。

学習指導要領に示された9つの内容は全国共通であるが，それぞれの内容に対して取り上げる素材は，学校ごとに違う。例えば，地域にみられる動植物や季節による人々の生活は，学校のある地域の自然環境によって違う。町の様子，公園の様子，あるいは**祭りなどの地域の行事**[*2]もそれぞれである。さらには，昔の遊びを教えてくれる人，野菜の育て方を教えてくれる人など，地域の素材や人材等を開発することも大切になってこよう。

地域の環境を調査して見いだした学習の素材や人材，活動の場などを，例

＊1 カリキュラム・マネジメント： 教育課程に基づき組織的かつ計画的に学校の教育活動の質の向上を図っていくことを目指すものであり，その取り組みとして三つの側面が示されている。
①児童や学校，地域の実態を適切に把握し，教育の目的や目標の実現に必要な教育の内容等を教科等横断的な視点で組み立てていくこと，②教育課程の実施状況を評価してその改善を図っていくこと，③教育課程の実施に必要な人的又は物的な体制を確保するとともにその改善を図っていくこと（「2017 解説（総則）」）。
田村学（2017）は，この三つを「カリキュラム・デザインの側面」「PDCA サイクルの側面」「内外リソース活用の側面」と整理している。

＊2 祭りなどの地域の行事を取り上げる際の留意点： 地域の祭りや伝統的な行事・イベント等を取り上げる際には，公立及び国立の学校においては，教育基本法第 15 条第2項により，宗教教育が禁止されていることに十分に留意する必要がある。

学びのポイント
自分の学校や住んでいる地域の学習素材・人材，活動場所などを調べ，生活科マップや生活科暦などを作成してみよう。

えば，生活科マップや人材マップ，生活科暦などとして整理し，常に更新をしながら有効に活用するとよいだろう。

(3) 三つの関わりを見通し，生かすこと

① 幼児期の教育との関わりを見通す

幼児期の教育との関わりを見通すとは，**スタートカリキュラム**[*3]をはじめとする幼児期の教育を理解し，その接続・連携を大切にすることである。

まず大切にしたいのは，幼児期の実態を理解することである。これには，幼稚園教育要領等に示された「幼児期の終わりまでに育ってほしい姿」が手掛かりになる。そのうえで，生活科で期待する子供の姿を，学年教師等で共有していきたい。

もう一つは，学びや育ちを生活科の学習に生かすことである。幼児期の教育では，幼児の自発的な活動としての遊びが大切にされる。子供たちは遊びを通じて，ものや人など様々な対象に関わり，自己を表出し，外界への好奇心を高めていく。指導計画の作成に当たっては，こうした幼児期の学びや育ちを生かし，2学年間の中で具体的な活動や体験が拡充されるようにすることが大切である。

② 1・2年生の各教科等の学習との関わりを見通す

低学年の学習指導においては，各教科等の指導の効果を高めていくため，生活科が中心的な役割を担いつつ，各教科等との**合科的・関連的な指導**[*4]の充実を図ることが求められている（**図7-2**）。

例えば，活動や体験を通じて得た気付きを，言葉，絵，動作，劇化などで表現する際，国語科，音楽科，図画工作科などの表現に関わる学習と関連して実施することで，それぞれの学習のねらいを実現し，生活科においても気付きの質を高めていくことになる。また，国語科で学んだ，話す・聞く，文章を書くなどの学習が，生活科の中で相手意識や目的意識をもって活用されることで，表現が豊かになったり自信をつけたりすることにもつながる。

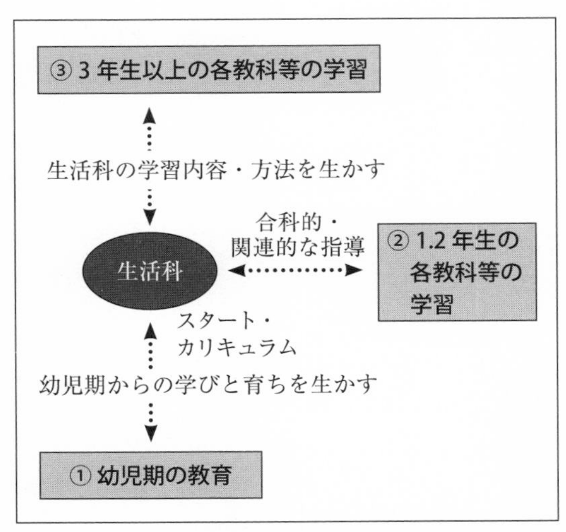

図7-2　指導計画作成における三つの関わり

＊3　スタートカリキュラム：第2章（p.16）の側注＊4を参照のこと

＊4　合科的・関連的な指導：**合科的な指導**とは，各教科のねらいをより効果的に実現するための指導方法の一つで，単元又は1コマの時間の中で，複数の教科の目標や内容を組み合わせて，学習活動を展開するものである。

関連的な指導とは，教科等別に指導するに当たって，各教科等の指導内容の関連を検討し，指導の時期や指導の方法などについて相互の関連を考慮して指導するものである。（「2017解説（生活）」pp.58-59）

また中野重人（1992, p.21）は，合科的指導が強調される要因の一つとして，児童の発達的特性に注目し，それを教育の中に十分に生かしたいということであると指摘している。

③ 第３学年以上の教科等の学習との関わりを見通す

発達が未分化な状況にある低学年の児童の実態を踏まえ，生活科では，身近な人々，社会及び自然を，つながりのある一体のものとして学ぶ。しかし，3年生以上になると，社会科や理科の学習が始まり，指導事項も次第に抽象的になっていく。年間指導計画を作成するには，3年生以上の学習に円滑に移行できるような指導上の配慮が必要である。例えば，町探検や働く人との出会い，絵地図作りなどは社会科の内容に，動植物の飼育・栽培をはじめとする自然との関わりは，理科の内容に関連している。さらに，具体的な活動や体験を通して，試行錯誤したり繰り返したりしながら問題を解決し，思いや願いを実現していく学び方は，3年生からの総合的な学習の時間の探究的な学びにも発展していく。生活科で育む身近な生活に関わる見方・考え方は，社会や理科，総合的な学習の時間における見方・考え方等に発展していく。ただし，生活科は，3年生以上の社会科や理科等の準備のための教科ではない。生活科の趣旨を踏まえつつ，3年生以上の各教科等の学習との関わりを見通していくことが大切である。

(4) 学内外の教育資源の活用と協力体制の構築を図ること

生活科は地域の身近な人々や社会及び自然に直接働きかけて学ぶ教科であり，学内外の教育資源の活用と協力体制の構築が重要になる。例えば，町探検のように学外での活動を実施する場合，その趣旨や計画を教職員で共有し，安全確保のための協力体制を整えること，保護者や地域の人々，公共施設や関係機関の人々の協力が得られる体制づくりをしておくことが必要である。また，動植物の飼育や栽培，伝承遊びなどの活動において協力を得られる人々を見付けておくことも子供の学びを豊かにすることにつながる。さらに，自分の成長についての学習では，幼児との交流などの活動も想定される。そうした活動が，互恵的，かつ継続的に実施できるように，幼児期の教育に携わる人々との協力体制も築いておきたい。

(5) 授業時数を適切に割り振ること

生活科の年間標準授業時数は，1年生102時間，2年生105時間である。2学年間を見通しながら，それぞれの学年で，どのような単元をどのように配列し，どの程度の時間を割り振るかを検討していくことになる。

例えば，町探検や公園で遊ぶなどの学外での活動は，1単位時間で実施するのが難しく，連続した時間設定にした方が効果的であろう。活動の時期を集中するなどの工夫も考えられる。飼育・栽培活動は，日常の世話など，常時活動を含むため，長いスパンで単元を位置付けておく必要がある。加えて，飼育・栽培活動は，2 年間にわたって取り扱うものとされており，例えば，1 年生では飼育，2 年生では栽培（またはその逆），1・2 年とも飼育・栽培を行うなどの方法が考えられる。子供の実態や活動の場・環境，ねらい等を踏まえて，創意工夫していきたい。

7.3　単元の指導計画作成

単元指導計画は，年間指導計画に配列された単元をより具体的にしたものである。以下 4 点から，単元計画の作成手順や配慮点について解説する。なお，学習指導案の作成に当たっては第 9 章を参考にしてほしい。

(1) 内容の組み合わせと指導目標の検討

子供の主体性を大切にし，具体的な活動や体験を通して学ぶ生活科においても，そこには教師の指導に対する意図がなければならない。

生活科は，関連する複数の内容で一つの単元を構成することができる。例えば**図 7-1** の年間指導計画（例）の 2 年生「もっとなかよし町たんけん」では，内容 (3) と (4) を組み合わせて単元を構成している。これは，教師の指導に対する意図と，子供の興味・関心等を踏まえて検討され，そのことを通じて指導目標も明らかになる。この単元では，町探検で図書館を発見したことをきっかけに，「利用してみよう」という活動につながり，そこからさらに地域の様々な人々と関わる活動へと発展していくことが考えられる。もちろん，2 年生「明日へジャンプ」のように，一つの内容で構成している単元もある。

(2) 子供の実態把握の徹底

単元指導計画は，実際の授業をイメージしながら具体化されていくものであり，その作成にあたっては，子供の実態把握が極めて重要になる。子供の興味・関心の把握はもちろん，想定している学習対象，学習材に対し，どのような経験や思いを持っているか，それらに出会った時，子供はどのような反応をし，どのように学びを広げていくかなどを検討することが大切になる。実際の単元指導計画を見ると，構想する前に子供（単元によっては保護者等）

に簡単なアンケートを取って実態把握をしているケースがある。効果的に取り入れていきたい。

(3) 学習対象や学習材の検討

(2) の検討と並行するように，この単元で取り上げる学習対象や学習材を検討していく。生活科の学習は，子供の思いや願いと教師の意図をマッチさせながら展開していく。「2017 解説（生活）」では，学習対象や学習材の検討にあたり，子供の思いや願い，関心や疑問を生かす，子供の活動を中心とした単元とするか，意図した学習を効果的に生み出す，教師の願いを中心とした単元とするかという検討が必要であり，なおかつそれは二者択一ではなく，いかに両者のバランスや調和を図るかが大切であると指摘している。例えば，**図 7-1** の２年生「ぐんぐんそだてわたしの野さい」の単元では，１年時あるいは就学前に，子供が野菜を育てた経験を持っていれば，複数の野菜から子供が育てたいものを選んで育てる活動が考えられる。興味・関心からのスタートである。反対に，そうした経験を持っていない子供であれば，ミニトマトを共通の学習材として育てたほうが指導の効果は上がる。その場合，ミニトマトという学習材を教師から提示していくことになる。また，前者の場合も，よりよく育てるために，地域の農家の方と出会わせるという教師の意図による活動が加わることで学びの質が高まると考えられる。単元の特性に応じて，子供の興味・関心に比重が置かれる場合もあれば，教師の願いに重きが置かれることもある。

学びのポイント

生活科の指導計画を検討するにあたり，低学年児童の発達・成長について理解しておくことは大切である。

低学年児童の発達・成長の特性について，「2017 解説（生活）」なども参考にしながら，次の３つの視点からまとめ，話し合ってみよう。

①空間認識
②時間認識
③技能

(4) 具体的な学習活動の検討

具体的な活動や体験を指導原理とする生活科では，どのような学習活動を位置付けるかということが，単元の目標達成に大きく関わる。

下に学習活動例を示した。単元計画の作成にあたっては，これらを参考に，何を目的に，どのような活動の場（環境）で，どのような学習活動に取り組ませるかを具体的に検討するようにしたい。

単元目標・内容に応じて行う学習活動（例）				
探検する	遊ぶ	調査する	飼育する	
栽培する	製作する	交流する	企画する	など

活動や体験の様子，気付きなどを表現する学習活動（例）				
言葉や絵で表す	劇化する	動作化	説明する	など

表 7-1　単元指導計画の例　2 年生「生きものなかよし大作せん」（12 時間）

ねらい	○学習活動　・予想される児童の反応	◇指導上の留意点等 ［　］評価
小単元 1「生きものをさがそう」		**4 時間**
生き物を見付けたり飼ったりした経験を話し合い，身近な生き物への関心を高めることができる。	○身近にいる生き物の種類や居場所等を話し合う① ・屋上の畑でちょうちょを見付けた。 ・花壇の近くにダンゴムシがいたよ。 ○生き物を探しに行く計画を立てる。 ・石の下に隠れていると思うよ。 ・つかまえたら，お世話してみたいな。	◇これまでの経験や学習から，どこにどんな生き物がいたのか，想起できるような声掛けをする。 ［主］身近な生き物に関心をもって関わろうとしている。
校庭で生き物を探し，それらの特徴や育つ場所に気付くとともに，世話の仕方を決め，教室で飼育しようとする。	○校庭の生き物を探したり，観察したりする② ○校庭で生き物を探し，捕まえた生き物の様子を友達と伝え合い，これからどうするか話し合う③④ ・ダンゴムシは石の下の湿った場所にいたよ。 ・草むらにいたバッタはぱっと逃げたよ。 ・池にはオタマジャクシがたくさんいたよ。	◇学校内や周辺の自然環境を実際に訪れ，興味・関心を高める。 ［知技］校庭の生き物の特徴や育つ場所に気付いている。 ［思判表］これまでの経験から世話の仕方を考えている。
小単元 2「生きものとなかよくなろう」		**4 時間**
生き物に合わせた世話をする中で，その様子を観察し，生き物が変化していることや，生命をもっていることに気付くことができる。	○世話をする生き物の適切な飼い方を調べる⑤⑥ ・何を食べているのかな。 ・どんな飼育箱にするか，本で調べよう。 ・見付けた場所に行ってみよう。 ○飼育箱を準備し，飼育を始める⑦＋常時活動 ・落ち葉を入れて隠れるところをつくろう。 ・ここに石をおいて登れるようにしよう。 ○分かったことなど，今後どうするか話し合う⑧ ・1 年生を招待して，教えてあげたい。 ・オリジナル図鑑を作って 1 年生に見せてあげよう。	◇気付いたことを継続して書ける観察カードを用意する。 ［知技］生き物が変化していることや，生命をもっていることに気付いている。 ［思判表］餌やりや掃除などをしながら生き物の様子を観察し，生き物に合わせた世話をしている。 ［主］生き物の様子に応じて世話の仕方を変えるなど，大切に育てていこうとしている。
小単元 3「生きもののことを伝えよう」		**4 時間**
育ててきた生き物について，気づいたことを分かりやすく伝えるとともに，これからも身近な生き物を大切にしようとする。	○ 1 年生に伝えるための準備をする⑨⑩ ・タブレットを使って，生き物の特徴を伝える。 ・○○の情報を入れよう。 ○ 1 年生に伝えるとともに，活動を振り返る⑪⑫ ・生き物は私たちと同じように命を持っている。 ・○○はもと居た場所に戻してあげよう。	◇生き物の様子がより分かりやすく伝わるように，工夫して表現できるように助言する。 ［思判表］生き物の姿や居た場所，えさ，世話の仕方などの気付きや自己の成長を，表現している

学びのポイント
単元の学習過程

「2017 解説（生活）」（p.90）では，単元を構想していくめやすとして，次のような学習過程を例として紹介している。

①思いや願いを持つ
②活動や体験をする
③感じる，考える
④表現する・行為する（伝え合う・振り返る）

これらは①～④の順で繰り返されるものではなく，当然順序が入れ替わる場合もある。②だけにとどまらず，③や④の活動に展開していくことで気付きの質が高まり，学びが深くなっていくと考えられる。

学びのポイント

①「生きものなかよし大作せん」（表 7-1）は三つの小単元で構成されている。どのような活動が展開されるか話し合ってみよう。
②各小単元の後半では，振り返り・表現する活動を位置付けている。その意味を考えてみよう。
③動植物の飼育・栽培（内容（7））については，授業時間以外の常時活動も活用にすることになる。どこの小単元でそのことが示されているか確認してみよう。

(5) 学習過程を検討し単元指導計画として整理

⑴から⑷までの検討を基に，一連の学習過程として検討・整理していく。生活科の学習過程は，子供が思いや願いを膨らませ，具体的な活動や体験を通してその実現を目指すプロセスであり，子供の意識の流れに沿った展開を検討してく必要がある。その際，重要なファクターになるのが，授業時数，学習環境，学習形態，指導体制，さらには各教科等との関連などである。安全で，豊かな学習になるように計画していきたい。

表 7-1 は，2年生の「生きものなかよし大作せん」の単元計画である。三つの小単元で構成し，それぞれの小単元末での振り返り・表現活動が，次の小単元のめあてになるような質的高まりを意図した計画である。その意図が読み取りやすいように，単元指導計画の構造のみを図示した（**図 7-3**）。

なお，「学習評価」については，第8章を参考にしてほしい。

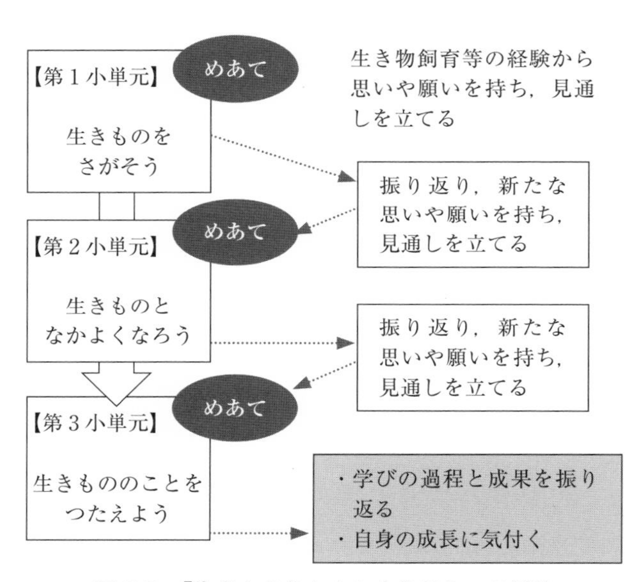

図 7-3 「生きものなかよし大作せん」の構造

第8章　生活科の学習評価

8.1　学習評価

(1) 学習評価とは

「小学校学習指導要領(平成29年告示)解説　総則編」(以下「2017解説(総則)」)では，「学習評価は，学校における教育活動に関し，児童の学習状況を評価するものである。「児童にどういった力が身に付いたか」という学習の成果を的確に捉え，教師が指導の改善を図るとともに，児童自身が自らの学びを振り返って次の学びに向かうことができるようにするためにも，学習評価の在り方は重要であり，教育課程や学習・指導方法の改善と一貫性のある取組を進めることが求められる」と記されている(p.93)。

また，国立教育政策研究所の「「指導と評価の一体化」のための学習評価に関する参考資料」(以下，「2020参考資料」)では，「各教科等の評価については，学習状況を分析的に捉える「**観点別学習状況の評価**[*1]」と「評定」が学習指導要領に定める目標に準拠した評価として実施するものとされている。このことにより，児童が各教科等での学習において，それぞれの観点で望ましい学習状況が認められ，どの観点に課題が認められるかを明らかにすることにより，具体的な学習や指導の改善に生かすことを可能とするものである。各学校において目標に準拠した観点別学習状況の評価を行うに当たっては，観点ごとに**評価規準**[*2]を定める必要がある(p.3)。

このことから，学習評価とは，一人一人の子供に資質・能力が育成されているかを確かに見取るとともに，そのことを具体の指導改善に生かすことが期待されていることが分かる。

＊1　観点別学習状況の評価：学校における児童の学習状況を，複数の観点から，それぞれの観点ごとに分析する評価のこと。

＊2　評価規準：観点別学習状況の評価を的確に行うため，学習指導要領に示す目標の実現状況を判断する拠り所として表現したもの。

(2) 学習指導要領と学習評価

学習指導要領が改訂されると，各学校では教育課程の編成や学習指導の工夫・改善，学習評価の検討と実現，そして改善された授業実践へと展開していく。今回の改訂においても，「主体的・対話的で深い学び」の視点からの授業改善やカリキュラム・マネジメントが行われ，その結果としてどのような成果をもたらしているかという学習評価の充実が求められている。

なお，学習指導要領では，学習評価については，**総則第３の２の(1)**[*3]に学習評価の充実として，子供が学習したことの意味や価値を実感できるようにすること，子供の資質・能力の育成に生かすようにすることが述べられている。このことから，学習評価は，子供自身が自らの変容や成長を自覚できるようにしたり，資質・能力の育成に向けて，自らの学習を調整したりするなどの自己評価能力の育成につながるようにしていくことも重要となる。また，教師の指導改善や児童の学習改善につながるもの，いわゆる指導と評価の一体化としていくことも重要となる。

また，**総則第３の２の(2)**[*4]では，学習評価の妥当性や信頼性を高めることの大切さが述べられている。教師と子供がともに納得する学習評価を行うためには，評価規準を適切に設定し，評価の規準や方法について，教師と子供及び保護者で共通理解を図り，説明責任を遂行することも大切になる。

なお，「2017 解説（総則）」では，「学習評価を授業改善や組織運営の改善に向けた学校教育全体の取組に位置付けて組織的かつ計画的に取り組むことが必要である」と記されている（p.94）。このことは，学習評価によって授業や教育課程を検証し，改善していく，いわゆるカリキュラムの評価といえる。

(3) 学習評価の機能

学習評価の機能について，田村は「実際の学習活動の改善や各学校の教育課程の編成が適正であるかどうかは，資質・能力が一人一人の児童に確実に育成されたかどうかによって診断し，判断していくことが求められている。この学習評価については，４つの機能が存在している」（田村，2021，p.52）と，以下の４点を挙げている。

① 指導と評価の一体化

学習評価は，子供のための評価であると同時に，学習指導を改善するための評価でもある。そのためにも，子供一人一人の学習の成立を促すための評価という視点を一層重視し，学習や指導の改善に生かしていくことが大切である。このような**指導と評価の一体化**[*5]により，学習指導の質は上がり，それぞれの学級に応じた，それぞれの時間ごとに工夫された創意溢れる授業へと

＊3　総則第３の２の(1)：児童のよい点や進捗の状況などを積極的に評価し，学習したことの意義や価値を実感できるようにすること。また，各教科等の目標の実現に向けた学習状況を把握する観点から，単元や題材など内容や時間のまとまりを見通しながら評価の場面や方法を工夫して，学習の過程や成果を評価し，指導の改善や学習意欲の向上を図り，資質・能力の育成に生かすようにすること。

＊4　総則第３の２の(2)：創意工夫の中で学習評価の妥当性や信頼性が高められるよう，組織的かつ計画的な取組を推進するとともに，学年や学校段階を越えて児童の学習の成果が円滑に接続されるように工夫すること。

＊5　指導と評価の一体化：評価結果を，教師の指導改善につながるものにしていくとともに，子供の学習の改善につながるものにしていくこと。これまで慣行として行われてきたことでも，必要性・妥当性が認められないものは見直していくことが大切とされている。

高まっていく。

② 説明責任の遂行

「2020 参考資料」では，「児童生徒自身に学習の見通しをもたせるために，学習評価の方針を事前に児童生徒と共有する場面を必要に応じて設けることが求められており，児童生徒に評価結果をフィードバックする際にも，どのような方針によって評価したのかを改めて児童生徒に共有することも重要である」と記されている（p.12）。また，「2017 解説（総則）」では，「学校が児童や保護者に，評価に関する仕組みについて事前に説明したり，評価結果について丁寧に説明したりするなどして，評価に関する情報をより積極的に提供し児童や保護者の理解を図ることも信頼性の向上の観点から重要である」と記されている（p.94）。

これらことから，学習活動における具体的な言動やワークシートへの記述などによって，子供一人一人の学びの様相や成長の過程を児童に知らせたり，保護者に説明したりできることを心掛けたい。なお，説明する対象を地域住民に広げることで，社会に開かれた教育課程の実現に向けた取組となっていく。

③ 自己評価能力の育成

田村は「確かな学習評価は，学習指導やカリキュラム編成における教師の行為を変え，その結果が成果となって子供の姿に結び付く場合が多い。しかし，それだけではなく，子供自身が学習評価に参画することで子供の変容に向かうことも期待したい」と述べている（田村，2021，p.54）。このことは，学習のめあてを子供と確認し共有するなどの取組によって，一単位時間や内容のまとまりごとに，学習の成果や自己の変容を実感することの大切さを記している。このことにより，子供が学習の過程を振り返り，自らの資質・能力が確かに育成されたかどうかを自己評価することができるようになる。

④ カリキュラムの評価

「2020 参考資料」では，「各学校における教育活動の多くは，学習指導要領等に従い児童や地域の実態を踏まえて編成された教育課程の下，指導計画に基づく授業（学習指導）として展開される。各学校では，児童の学習状況を評価し，その結果を児童の学習や教師による指導の改善や学校全体としての教育課程の改善等に生かしており，学校全体として組織的かつ計画的に教育活動の質の向上を図っている。このように，「学習指導」と「学習評価」は学校の教育活動の根幹に当たり，教育課程に基づいて組織的かつ計画的に教育活動の質の向上を図る「カリキュラム・マネジメント」の中核的な役割を担っている」と記されている（p.5）。

学習評価を通して，各学校のカリキュラムを検証・評価し，改善に向かうことが求められている。

(4) 評価の計画を立てることの重要性

評価の計画を立てることは，学習指導のねらいが子供の学習状況として実現されたかについて，評価規準に照らして観察し，毎時間の授業で適宜指導を行えるようにするものである。評価規準に照らして，観点別学習状況の評価をするための記録をとることは，育成を目指す資質・能力を児童に育むために不可欠である。実際には，毎時間児童全員について記録を取り，総括の資料とするために蓄積することは現実的でない。そのため，児童全員の学習状況について，いつ（評価場面），何を（評価規準），どのようにして（評価方法）評価するかを精選し，かつ妥当性・信頼性の高い適切な評価を行うための評価の計画が一層重要となる。

8.2　生活科における学習評価の特質

(1) 生活科の学習評価の観点

生活科では，これまでも目標に準拠した観点別学習状況評価を行ってきた。そこでは，「生活への関心・意欲・態度」「活動や体験についての思考・表現」「身近な環境や自分についての気付き」の三観点による学習評価を行ってきた。その意味では，今回の学習指導要領が育成を目指す資質・能力を，確かに見取り評価していこうとする方向性を先取りしていたと考えることができる。

生活科では，特定の知識や技能を取り出して指導するのではなく，子供が具体的な活動や体験を通して学んでいく。そのため，生活科における学習評価は，結果に加えて活動や体験そのもの，すなわち学習の過程を重視して行うことが大切になる。実際には，育成を目指す三つの資質・能力に応じて「知識・技能[*6]」「思考・判断・表現[*7]」「主体的に学習に取り組む態度[*8]」の三つの観点から評価規準を作成し学習評価を行うことになる。

＊6　知識・技能：生活科では，思いや願いの実現に向けた活動や体験の過程において気付いたことについて評価を行うとともに，それらについて，「無自覚から自覚化された気付き」「関連付いた気付き」「自分自身への気付き」などのように気付きの質が高まっているかについて評価する。また，生活上必要な習慣や技能については，特定の習慣や技能を取り出して指導するのではなく，思いや願いを実現する過程において身に付けていくものであることに留意する。

＊7　思考・判断・表現：生活科では，思いや願いの実現に向けて気付いたことを基に考え，気付きを確かなものとしたり，新たな気付きを得たりするようにするため，「見付ける」「比べる」「たとえる」「試す」「見通す」「工夫する」などの思考力，判断力，表現力等が発揮されているかについて評価する。

＊8　主体的に学習に取り組む態度：生活科では，思いや願いの実現に粘り強く向かおうとしているかどうか（粘り強さ），状況に応じて自ら働き掛けようとしているかどうか（学習の調整），学んだり生活を豊かにしたりしようとすることを繰り返し，安定的に行おうとしているかどうか（実感や自信）について評価する。

(2) 生活科の学習評価の特徴

生活科の学習活動は，他の教科等と異なる特質をもっている。そのことが，生活科における学習評価を実施する際の難しさや特徴を生み出している。具体的には，生活科は活動性の高い教科である。また，その学習活動は一人一人で行うことが多い。さらには，ノートなどに言葉でまとめる場面は少なく，言語化された評価対象が安定的に残りにくい。そのため，子供の具体的な活動や体験を評価するだけではなく，一人一人の子供の多様な学習活動を評価することが求められてくる。そのためにも，評価規準を具体的かつ明確に設定することが欠かせない。実際の子供の姿をイメージして，評価規準として言語化することがポイントになる。その際，具体的なイメージを複数描くことも大切である。こうした評価規準の設定に加えて，指導と評価の計画を作成し，どの場面で，何を，どのように評価するのかを明らかにしておくことも重要になる。見通しがあることで，学習活動自体を意図的なものとして構成することが可能となり，評価対象とする成果物を意識して収集することもできるようになるからである。

8.3　生活科の学習評価の進め方

生活科は具体的な活動や体験を通して学ぶことを基本としている。実際の活動や体験を行いながら，育成を目指す資質・能力が確かに身に付くように学習活動を構成していく。資質・能力が身に付いているかどうかを評価するには評価規準が必要になる。このことから，「2020 参考資料」では，観点別学習評価に基づいて，九つの内容のまとまりごとに「内容のまとまりごとの評価規準」及び「具体的な内容のまとまりごとの評価規準（例）」を示している。「具体的な内容のまとまりごとの評価規準[*9]（例）」は，「内容のまとまりごとの評価規準」で示されている状況がより具体的に把握できるようにしたもので，原則として「2017 解説（生活）」における内容に関する資質・能力の記載事項を基に作成されている。

ここでは，単元の目標から始まり，評価規準を位置付けた「指導と評価の計画」の作成に至る過程を順を追って示していく。

① 単元の目標を設定する

学習評価は，単元を一つの区切りにして進める。各学校の指導計画に基づいて，単元ごとに観点別に評価規準を作成していく。

＊9　具体的な内容のまとまりごとの評価規準（例）：「2020 参考資料【小学校生活】」（国立教育政策研究所）の巻末資料 p.74～を参照。

単元ごとの評価規準を作成するには，各学校で作成した単元が，どの内容を受けているかを確認しておく。生活科の特質として，1内容で1単元を構成する場合と，複数の内容で1単元を構成する場合がある。単元の目標は，学習指導要領及び「2017 解説（生活）」における各内容の記載事項を踏まえるとともに，具体的な学習対象に即して作成することになる。複数の内容を組み合わせて単元を構成する場合は，各内容に示された資質・能力が単元において確実に育成されるように構成されているかどうかに配慮しなければならない。

② 単元の評価規準を作成する

単元の評価規準は，単元を構成している内容の「内容のまとまりごとの評価規準」を参考にして作成する。複数の内容で構成している単元では，その内容に対応した「内容のまとまりごとの評価規準」を組み合わせて作成する。

③ 学習活動に即して小単元の評価規準を作成する

単元は複数の小単元によって成り立っている。この小単元ごとに具体的な学習活動に即した評価規準を設定する。この評価規準が実際の学習評価に大きく機能するものとなる。このことについては，8.4 において詳しく記す。

④ 指導と評価の計画を作成する

指導と評価の計画を立てることは，いつ（**評価場面**[*10]），何を（**評価規準**），どのように（**評価方法**[*11]）を明らかにすることである。指導と評価の計画を作成していく際には，評価の観点のバランスに配慮していく。評価の計画において特定の観点ばかりに偏ってしまっては，資質・能力が豊かに育まれているとは言い難い。例えば，**表 8-1** のように小単元1では「知識・技能」の観点と「主体的に学習に取り組む態度」の観点を，小単元2では三つの観点のすべてを，小単元3では「思考・判断・表現」の観点と「主体的に学習に取り組む態度」を評価するようにしている。

表 8-1　評価の観点のバランス

	知識・技能	思考・判断・表現	主体的に学習に取り組む態度
小単元 1	○		○
小単元 2	○	○	○
小単元 3		○	○

こうして指導と評価の計画を作成するためには，次の点に配慮して評価の観点をバランスよく配置する。

＊10　**評価場面**：実際の学習評価を，いつ行うかという場面のこと。実際に行われる学習活動と，そこでの評価規準，評価方法とが結び付き，連動していることが求められる。

＊11　**評価方法**：実際の学習評価を，どのように行うかという方法のこと。子供の行動を観察する方法，子供の言動を分析する方法，子供の作品を収集し評価する方法などを，評価規準との整合性を図りながら，明らかにしておくことが求められる。

○評価規準の数的なバランス：観点別，小単元別，時間数に応じた全体的な視点 ○評価規準の単元展開における変化：同一観点における時間経過による縦の視点 ○評価規準の小単元における関係性：同一活動内における横の視点 ○学習活動と評価規準との整合性：個別の学習活動内の視点

⑤ 具体的な子供の姿を想定する

単元や小単元の評価規準を作成したうえで，一人一人の子供の学習状況を確かに把握するためには，示した評価規準が子供のどのような具体的な姿なのかを想定しておくことが大切である。

生活科では多様な学習活動が展開されることから，具体的な子供の姿は，一つの評価規準に対して複数想定することが考えられる。これにより，児童の学習状況を確かに見取ることができる。留意すべきことは，評価規準を基に，「量的な面」や「質的な面」から捉えるようにしていくことである。例えば，**表 8-2** では，「あきとあそぼう」の小単元における【思考・判断・表現】の評価規準について，子供のどのような活動の様子を見取ればよいかを例示しているものである。

表 8-2　評価規準例

評価規準 【思考・判断・表現】	比べたり，たとえたり，試したり，見通したりしながら，遊んでいる。
具体的な児童の姿	・前回と今回，友達と自分などを比べながら，遊びを工夫している。 ・秋の自然のよさを別のものに見立て，自分の遊びをつくりだしている。 ・約束やルールなどを試しながら，遊びを楽しんでいる。 ・もっと楽しくなるように見通しながら，材料を使って遊ぶものをつくっている。

⑥ 観点ごとに総括する

単元ごとに観点別評価を総括するには，チェックリストなどの記録簿にある記録に基づいて判断していく方法が考えられる。その際，「単元の評価規準」に照らし合わせたり，単元における学習の位置付け，学習活動の長短及び実施状況などを視野に入れたりして，「小単元における評価規準」による評価結果に軽重をかけることも考えられる。

「小単元における評価規準」は，「単元の評価規準」を分割して設定したものである。したがって，「小単元における評価規準」の評価結果を集計すれば単元の評価結果が得られると考えられる。一方，分割したものを統合するという考えに留まらず，子供の学習状況を「単元の評価規準」に照らし，一人一人の成長がどのような状況にあるかを捉え直してみることも大切である。すなわち，単元全体を通しての子供の変容や成長の様子を長期にわたって評価することも重要である。授業時間外の子供の姿の変容にも目を向け，評価の対象に加えることも大切である。こうしたことを踏まえて，**観点ごとに総括的評価**[*12]（A，B，C）を行う。

＊12　観点ごとの総括的評価：学習指導要領に示す各教科の目標に照らして，その実現状況を観点ごとに評価する。小学校学習指導要録における各教科の学習の記録は，「十分に満足できる」状況と判断されるものをA，「おおむね満足できる」状況と判断されるものをB，「努力を要する」状況と判断されるものをCのように区別して評価を記入する。

8.4　生活科の学習評価の評価規準

ここまで記してきたように，生活科の学習評価においては，とりわけ評価規準の設定が重要な役割を担っている。妥当性と信頼性のある学習評価を実現していく最大のポイントは，確かな評価規準の設定にある。では，実際に評価規準を設定するに当たっては，どのような点に配慮すべきなのだろうか。

「知識・技能」については，①気付きが自覚されること，②個別の気付きが相互に関連付くこと，③対象のみならず自分自身についての気付きが生まれること，を気付きの質の高まりとして見取ることが大切である。また，生活上必要な習慣や技能については，特定の習慣や技能を取り出して指導するのではなく，思いや願いを実現する過程において身に付けていくものであることに留意する必要がある。

「思考・判断・表現」については，①見付ける，②比べる，③たとえる，などの学習活動に見られる分析的に考えること，④試す，⑤見通す，⑥工夫する，などに生まれる創造的に考えることを踏まえる必要がある。評価規準を作成する際は，「〇〇して（しながら），△△している」などとして作成する（〇〇には，具体的な学習活動において期待する思考を，△△には活動する子供の姿を記述する）ことが考えられる。

「主体的に学習に取り組む態度」については，①思いや願いの実現に向かおうとしていること（粘り強さ），②状況に応じて自ら働きかけようとしていること（学習の調整），③繰り返し，安定的に意欲や自信をもって学んだり生活したりしようとすること（実感や自信）などを踏まえる必要がある。評価規準を作成する際は，「〇〇し，△△しようとしている」などとして作成する（〇〇には①粘り強さ，②学習の調整，③実感や自信，に関する期待する態度を，△△には活動する子供の姿を記述する）ことが考えられる。

第9章　生活科の学習指導案

9.1　生活科の特性を生かした学習指導案

(1) 教科書分析とカスタマイズ

生活科には生活科固有の難しさがある。なぜなら，指導計画や学習指導案を立案する際，子供の思いや願い，学校や地域の特色が重要な役割を果たすからである。それゆえ，（もちろん他教科も同様であるが）教科書分析は必要不可欠であるが，それだけでは十分ではない。生活科の教科書は活動の一事例であり，必ずしも教科書通りに指導することが最善とはいえない。学校や地域の特色を生かし，子供の思いや願いに寄り添ってカスタマイズすることで，個性的な学習展開と活動の多様な広がりを生み出す。

(2) 子供を主語にした学習過程[*1]

本論では「導入」・「展開」・「まとめ」の3段階ではなく，**「見付ける・見通す」**・**「取り組む」**・**「広げる」**・**「表現する・振り返る」**という子供を主語にした学習過程に沿って解説する。なぜなら，生活科は「子供の側に立つ教育」（嶋野 1996）であり，「大人の論理を先行させないで，児童の体験を通した実感的な分かり方を大切に」したいからである（文部省，1989）。

また，「主体的・対話的で深い学び」による授業改善が求められるなか，生活科の本質と特性をより適切に表現できると考えるからである。2003年のPISAショック以来，習得，活用，探究という学び方が注目されるようになった。特に活動や体験を通して得た気付きを生かすには，表現活動や問題解決に取り組みながら思考力・判断力・表現力を培う「取り組む」「広げる」段階を自覚的に工夫・改善することが求められる。このことは，中学年以降の総合的な学習における**探究的な学習**[*2]にもつながる。

＊1　学習過程：「2017解説（生活）」には，生活科の学習過程の例として以下のような4段階が示されている（p.90）。
① 思いや願いをもつ
② 活動や体験をする
③ 感じる・考える
④ 表現する・行為する
（伝え合う・振り返る）
より詳しくは第7章（p.55）学びのポイントを参照。

＊2　探究的な学習：生活科が子供の意識の流れに沿って思いや願いを実現する学習であることに対して，生活科の発展型と言ってもよい「総合的な学習の時間」では問題解決の連続を探究的な学習と呼んでいる。どちらも学習過程を重視し，学び方に共通性や連続性がある。探究的な学習の学習過程は，「課題の設定」「情報の収集」「整理・分析」「まとめ・表現」で，子供の学ぶ姿で示している。

子供が**単元名**と出会うのは，単元の導入時である必要はない。活動の見通しが明確になったときに，子供といっしょに考えたり，子供の思いや願いが込められた単元名を提案したりすることで，自分たちの活動になる。

単元の目標は，教師用の指導書などを参考にしながら，学校や地域の特色に即して書くとよい。

第１学年生活科学習指導案

１．単元名　「あさがおとなかよし」

２．単元の目標

◎あさがおを育てる活動を通して、成長の様子や変化に合った世話の仕方を考えながら働きかけることができ、自分と同じように生命をもっていることや育てることが上手になった自分のよさに気付くとともに、親しみをもって大切に育てることができるようにする。

単元については，学習指導要領との関係，児童観，教材観，指導観の順に書く。子供の実態や思いや願いに即して書くことが大切。

３．単元について

本単元は学習指導要領の内容(7)を受けて設定している。

本学級には、入学前の幼稚園や保育園で、あさがおを育てた経験がある子がいる。しかし、自分が主となって世話をしていたわけではない。そこで、本活動では、子供たちが「自分のあさがお」という意識と愛情をもち、世話をすることの楽しさや成長の喜びを味わってほしい。本時に至るまでの活動では、子供たちが登校してランドセルを置くとすぐにベランダに出て、あさがおの様子を確認したり水やりをしたりしている姿を見ることができた。

あさがおは発芽率が高く、花の数や大きさ、開花時期の長さなどの点から１年生にとって栽培しやすく、学習材として優れた植物である。しかも、単に育てるだけではなく、咲いた花びらを使って色水をつくったり、押し花やたたき染めにして楽しんだりすることもできる。秋には実った種を数える算数的な活動に発展させることも可能である。

指導に当たっては、子供たちがあさがおのお世話をしたり、語りかけたりする時間を大切にしていきたい。特に５月は子供たちが学校生活に慣れてくる時期であるため、朝学習の時間を水やりやお世話の時間にして、ゆとりをもって関われるようにしてきた。また、気付いたことや感じたことを表現するためには「みつけたよカード」を活用する。その過程で、気付きの視点に優れている子や素直に気持ちを表現できている子、丁寧に絵を描いている子のカードなどを、ICT を活用して学級に紹介し、互いに共感し学び合える場を大切にしていきたい。

４．単元の評価規準

		知識・技能	思考・判断・表現	主体的に学習に取り組む態度
単元の評価規準		あさがおが成長していることや植物に合った世話の仕方があること、世話ができるようになった自分のよさに気付いている。	あさがおのために自分ができることを考え、世話を工夫したり、関わり方を振り返ったりしながら、自分なりの方法で表現している。	あさがおが育つ場所、その変化や成長の様子に関心をもち、喜びを感じ、愛情を込めて大切に育てようとしている。
小単元の評価規準	たねをま			

評価規準は，実際に利用しやすいように，小単元の活動内容に即して具体的に書く。

５．単元の指導計画　：　全１０時間扱い

小単元名（時数）	学習活動	評価規準	評価方法
１．あさがおの たねをまこう (3)	・花を育てた経験を振り返り、交流する。 ・育てたい花を決め、種をまく。 ・成長への期待を絵や文で表現する。	態度① 思①	行動観察・発言 行動観察・作品
２．			

単元の指導計画は，ゴール・イメージをもちつつ，子供の思いや願い，地域の特色に即して構想する。特に，単元の導入段階を大切にする。

本時のねらいは，学習活動と育てたい資質・能力を組み合わせて表現する。

６．本時の活動

(1) 本時のねらい

○困っていることを解決するための工夫や改善策を考えながら世話することを通して、成長の喜びを味わうことができる。

指導上の留意点は，場の設定の工夫，ICTの活用，個に応じた指導など，具体的に書く。子供の学びを支えるという意識が大切。

(2) 本時の展開

	主な学習活動　・予想される子供の姿	○指導上の留意点　★評価
見付ける 10	１．朝のあさがおの様子や困っていることを発表する。 ・お花が２つ咲いたよ。 ・お花がしぼんで枯れちゃった。 ・つるが伸びすぎて友だちの支柱に絡んでしまっている。 ・つるを踏まれてしまった。	○登校後に子供が世話をする様子を観察するために、教師も外で一緒に活動する。 ○芽が出たときの写真を提示する。
	50日目のあさがおには、どんなお世話が必要か考えてお世話をしよう	
広げる 20	２．今朝のあさがおの様子で困っていることを発表し話し合う。 ・つるは支柱に巻いてあげた方がいいんじゃないかな。 ・植木鉢の間に隙間をつくろうよ。 ・咲き終わった花で何かできるかな？ ・しぼんだお花を使って色水をつくって遊びたいな。	○子供たちが直面している問題を解決することができるように問いを焦点化し、話し合うことができるようにする。 ○新しいアイディアを認め、試すように促す。 ○花がしぼんでしまった子には、花びらでどのようなことができるか問いかける。
取り組む 40	３．あさがおに語りかけながら、観察したり世話したりする。 ・昨日よりつるが伸びたよ。 ・つるをどうやって巻くのかな？ ・すごい！植木鉢の下から根っこが出てきているよ。 ・あさがおのつぼみがあるよ。明日には咲くかな？ ・つぼみをさわると柔らかいよ。 ・私より大きくなってうれしい。	○ビニール袋、カップ、半紙を用意する。 ○活動は教室とオープンスペース、庭で行い、活動しやすい場所を子供が選んだり、自由に構成したりできるようにする。 ○諸感覚を働かせて観察している子をほめたり紹介したりする。 ★工夫して世話をしたり、成長の様子に気付いたりしながら、あさがおへの喜びや親しみを感じているか。
振り返る 20	４．活動の振り返りを書く。 ・これでもう大丈夫かな？ ・お花を咲かせてくれてありがとう。 ・これからも大切にお世話するよ。 ・もっと大きくなってね。 ・家族に伝えたいな。	○子供が多様な表現方法を選べるように多様な形式のカードを用意する。

時間配分を書く。本指導案は90分で計画している。

中心となる**学習活動**は，子供が取り組む活動を明確かつ端的に表現する。

予想される子供の姿を整理して書くことで，指導上の留意点や支援も明確になる。

ゴール・イメージを具体的に書くことが大切。**本時のねらい**に即していることを確認する。

学習過程は，例えば「見付ける・見通す」・「取り組む」・「広げる」・「表現する・振り返る」という子供を主語にした学習過程で書く。

9.2 単元計画の立て方

学びのポイント
自分が生活する地域や大学が所在する地域はどんなところだろう。自然環境や商店街，公共施設，関わりのある人などについて紹介してみよう。

(1) 生活科の指導計画を考えるときのベース

学校には教育計画があり，各教科・領域等の指導計画がある。これから研究授業を行おうとする現職教員であれば，勤務校の指導計画に基づいて，子供の実態や地域の特色，教師の願いを加味して指導計画を立案するであろう。一方，自分の学級をもたない教職課程の学生は，学生自身が学んでいる大学が所在する地域や，現在生活している地域，小学生の時に生活していた地域などを想定しながら指導計画や本時案を考えるとよい。

① 学習指導要領の解説で目標や内容を確認する

単元の指導計画を立てる際にはじめに着手することは，教科書で単元の全体像を見渡し，単元目標を設定することである。このことは同時に，単元の学習が終わったときに，子供がどのような姿になっていてほしいのか，どのような学びや成長が生起してほしいのかを，具体的な子供の姿でイメージすることでもある。そのためには，まず学習指導要領の解説を読み，目標や内容を確認し，子供に育てたい資質・能力を明確にする。

② ゴール・イメージをもつ

次に考えることは，学校や地域の特色に合わせて活動のゴール・イメージを描くことである（ウィギンズ他，2012；田村，2022）。子供の生活圏を学びの場や対象にすることは，生活科の教育原理である。また，子供が自分との関わりで対象を捉え，つくったり，栽培したり，探検したりする活動を重視する生活科であるから，授業者も実際に自分で「やってみる」「動いてみる」「体を使ってみる」ことが重要である。教科書分析では気付かない発見や活動の難しさ，指導する際の留意点やポイントなどを見いだす重要な機会となる。そして，何より活動の楽しさを味わうことができる。それによって，ゴール・イメージを想像することができ，単元目標の具体的な姿が明確になる。

(2) 単元の指導計画の作成

① 単元の目標

教科書には，教師用の指導書や朱書き編がある。単元の目標をゼロから考えることは難しいかもしれない。はじめは教師用の指導書などを参考にしながら，学校や地域の特色に即して「知識及び技能の基礎」「思考力，判断力，表現力等の基礎」「学びに向かう力，人間性等」の三つの観点で検討する。

② 単元について

授業者の単元についての「哲学」が強く現れるところである。記述に際しては，まず学習指導要領との関係を明示する。生活科の単元は学習指導要領の９つの内容と一対一対応しているわけではない。一つの単元で複数の内容が関連していることもあるので，学校や地域の特色に合わせて検討する。

児童観には，学習者である児童の今現在の実態や状況を，単元の目標の観点から記述する。例えば，単元や活動に関する興味・関心の様子，学習の履歴や課題などであり，学級ならではの個性的な特性である。その上に，教師の願いが重ねられる。この児童観を書くことが難しい教職課程の学生の場合は，一般的な発達特性を簡略に記述するとよい。

教材観には，教材のもつ価値，子供に身に付けてほしい内容などを記述する。とりわけ，本時や本単元の目標を達成するための教材について記述する。この時，教科書分析とともに，先に述べた授業者が実際に地域に出たり体験したりしながら行った教材研究が意味をもつ。

指導観は，単元目標を達成し，子供が主体的に学習に取り組むための指導方法や手立てを記述する。例えば，体験活動や言語活動，表現活動，ICT の活用，振り返りカード，学習形態（個別／一斉，個／ペア／グループ），時間，指導体制，他教科との関連的な扱いなどについて検討する。

また，近年では子供が環境との相互行為の中で主体的に「知」を創出する**学習環境のデザイン**[*3]が注目されている。教師による子供への直接的な働きかけだけでなく，学習環境を意図的にデザインすることで子供が主体的で自律的に学ぶことを促し支援しようとするものである。とりわけ，生活科は子供が「気付く」ことを大切にするが，授業者は気付き方を教えることはできない。そのため，教室内外の物理的環境や，人や社会との出会い・関係性といった社会的環境を整え，活動のストーリー（文脈）づくりや振り返りなど，単元の目標を達成するまでの学びのプロセスを重視している。幼稚園や保育所，こども園では環境構成を大切にしており，小学校の教師も活動や体験の質の向上に果たす環境の重要性を自覚する必要がある。

③ 評価規準

単元の目標がどの程度身に付き達成できたかを評価するための規準を，指導要録に示された「知識・技能」「思考力・判断力・表現力等」「主体的に学習に取り組む態度」の三つの観点で記述する。評価規準は実際に利用しやす

＊3　学習環境のデザイン：久保田賢一は，「目標達成のための規則や手順をそのまま当てはめるのではなく，学習者が自立的に学ぶことができ，いっしょにいる仲間や教師と意味のあるやりとりができることを促す学習環境」を構成することで，「学習者自身が目標を立て，環境との相互作用の中で思考したり内省を深め」たりする学びの重要性を強調している（久保田，2000，p.65）。また，「デザインとは，単に学習のためのツールを用意するだけのことではなく，私たち自身が相手とどのように関わり，社会を構成していくべきなのかということも含めて考えていくこと」であり，「私たちのこれからの生き方そのものに対するデザインでもある」と述べている（p.71）。

山内祐平は学習環境を空間，人工物，活動，共同体の４側面から捉え，それぞれは「独立した実体ではなく相互に連関した存在として見るべき」と述べている（山内，2020，pp.50-52）。

いように具体的に書くとよい。あらかじめ指導場面に即した子供の姿を具体的にイメージしておくことは，評価規準や本時案の作成はもとより，実際の授業実践や「指導と評価の一体化」にも役立つ。

④ 指導と評価の計画

単元のゴール・イメージをもちつつ，児童の実態や地域の特色に即して構想する。その際，単元の導入段階を大切にしたい。なぜなら，子供がさまざまな人・もの・ことと出会うことによって単元全体を覆う興味・関心や問題意識を醸成するからである。単元の導入の工夫は，その後の活動のストーリーや活動の広がりにも影響を与える。そのため，子供の意欲や当事者意識が高まるように，単元名を子供の問題意識が明確になったときに提示したり，子供といっしょに考えたりするとよい。また，学習活動に加えて学習評価の観点や方法を意図的・計画的に位置付けておく。

学びのポイント

生活科の教科書から一つの単元を選び，教科書分析や小学校学習指導要領解説生活編の記載事項を確認しながら，地域の特色を生かした単元の指導計画を立ててみよう。

9.3　本時指導計画の立て方

単元指導計画に引き続いて単位時間の指導計画を作成することが求められる。現職教員であれば研究授業や授業参観の場面であり，学生であれば模擬授業や講義の課題などで作成することが考えられる。こうした本時案を検討する際のポイントを解説する。

(1) 本時のねらいと学習活動とゴール・イメージ〜授業の柱立て

一つめのポイントは，本時のねらいに即したゴール・イメージをもつことである。つまり，子供がどのような気付きや思いをもってほしいのか，どのようなことができるようになり，どのような力が身に付いてほしいのかを具体的に考えておくことである。そうすれば，中心となる学習活動も明確になる。

また，このときに留意したいのは，本時のねらいの記述が，活動を通して学習の到達点が表現されていることである（澤井，2017）。例えば，「つくる」「探検する」「世話をする」などの〈活動〉を通して，「見付ける」「工夫する」「大切にする」や「親しみをもつ」などの資質・能力を育成することである。具体的な活動や体験を重視する生活科にとって，活動は目標であり，内容であり，方法でもある（中野，1992）。活動すること自体に価値がある。そのため，活動を通してどのような資質・能力を身に付けさせたいのかを明確にしておく必要がある。

(2) 予想される子供の姿～子供の姿が見える学習指導案

二つめのポイントは，「予想される子供の姿」を具体的に想像し，分類・整理して記述することである。本時の学習指導案を見てみると，「工夫してつくる」「話し合う」「ワークシートを書く」といった学習活動が書いてあっても，「予想される子供の姿」が未記入・未整理であることがある。ここをないがしろにすると，子供の発言やつぶやきを生かした板書や個に即した支援，気付きを生かす指導ができない。例えば，校庭で生き物探しをする時，学級園の草むらに入っていく子もいれば，校庭の片隅の石をひっくり返している子もいる。ビオトープを覗いている子もいる。このように，活動場所の広がりを予想することは，事前の安全確認や必要な事前指導，道具の準備などに見通しをもつことにつながる。このことは，本節の(4)で後述するように指導上の留意点に直結し，子供の姿が見えるからこそ適切な支援計画を立てることができる。

(3) 学習過程の工夫[*4]～子供が学びの主役

① 見付ける・見通す

「見付ける・見通す」場面では，子供が自らの思いや願いを明らかにし，活動の見通しを立てることができるようにする。そのために，人・もの・ことや活動との出会いを工夫する。例えば，地域の写真や動画，探検マップや生き物マップを提示したり，絵本や図鑑で興味を引き出したりする。あるいは，子供を外に連れ出して活動したり，教師が用意した具体物で遊んだりして，ダイナミックな出会いを演出することもできる。もちろん，前時の子供の気付きや発言，カードの振り返りから展開することも考えられる。それによって，子供が「なぜ？」「どうして？」といった「はてな」を見付け，「おもしろい！」「ふしぎ！」といった感動が生まれる。また，「○○したらどうなるんだろう」といった好奇心や，「もっと知りたい」「自分もやってみたい」「○○さんのようにできるようになりたい」といった願いや憧れが生まれ，活動への意欲が高まる。このような過程を経て，学習活動に「取り組む」場面へと移行する。

② 取り組む

「取り組む」場面では，子供が学習活動を繰り返しながら，対象や友達と関わることができるようにする。そのために，授業者は試行錯誤や人・もの・ことと関わることのできる学習環境を保障し，期待する資質・能力の育成に

＊4　学習過程の工夫：「見付ける・見通す」場面で大切なことは，子供の認知的な面だけでなく，安心して授業に参加できるように様々な不安要素を取り除き，安全に活動ができるようにすることである。そのため，子供の心理的な側面や活動しやすい導線や物の配置などに配慮することも大切である。

また，「取り組む」と「広げる」の学習過程は一体のものと捉えることもできる。あるいは，「取り組む」場面に重点を置いて，「広げる」場面を次時に設定することも考えられる。2時間続きの授業の場合は，それぞれの場面をゆとりをもって設定することもできる。

向かう「遊ぶ」「つくる」「調べる」「観察する」「世話をする」「触れ合う」といった具体的な活動や体験の場を設定する。その際，子供が活動内容を選択・決定しながら個性的に学習に取り組むことができる自由度やICTの活用が，学びの個性化を図る上で重要である。それによって，疑問に思ったことや予想を調べて確かめたり，繰り返し夢中になって遊んだりしながら様々な気付きが生まれ，生き生きと活動し探究することができるようになる。

③ 広げる

「広げる」場面では，子供が互いの気付きをもとに話し合ったり交流したりすることで，気付きが質的に高まっていくようにする。そのために，授業者は子供が気付きを生かして活動できるように，例えばペア，小グループ，学級全体での集団思考や，言葉，絵，動作，劇化などの多様な表現活動や話し合ったり書いたりする言語活動を工夫する。場合によっては，簡単な思考ツールの活用も考えられる。また，「比べる」「たとえる」「試す」「工夫する」といった分析的・創造的な学習活動の設定や，他教科等との関連的な指導も重要なポイントである。それによって，新たな気付きが生まれ，対象への捉え方が多面的，関連的になり，親しみや愛着が生まれる。また，次の活動につなげたり，よりよい生活の創造に向けて意欲が高まったりする。

④ 表現する・振り返る

授業の終末部では，子供が活動して気付いたことや考えたことを，カードに文や絵などで表現したり伝え合ったりする場合がある。そこでは，例えば授業者は，授業のねらいや活動内容に応じてカードの構成を工夫する。また，子供が個性的に表現できるように励ましたり，表現のよさをほめたりする。問いかけることも子供の思考を促す。それによって，対象への気付きを深め，自分のよさや成長を見いだし，自己肯定感が高まる。その際，子供が書いたカードに朱筆を入れることは子供の意欲と学びを支え，本時と次時をつなぐ教師の重要な支援でもある。個に即した適切な働きかけを大切にしたい。

また，生活科は子供の思いや願いに基づいて，長いスパンで問題解決や自己実現を図る活動であるため，自分の活動を振り返って授業を終える場合もある。あるいは，学級としての次時の計画を確認・修正して終わる場合もある。オープンエンドであることの多い生活科では，必ずしも一定の知識にまとめる必要はない。むしろ，教師は子供の意識の連続性を大切にして，活動のストーリーを教師と子供がともにつくるようにする。また，このことは子供の自己評価力や**メタ認知**[*5]する力を育成する手立てにもなる。それによっ

＊5　メタ認知：三宮真智子は，「メタ認知を育むということは，単に学習法を教えるといったことに限らず，学習に対する基本的な姿勢や考え方，感じ方，動機付けなどに働きかけることにつながる。その結果，学習者が自分の意志と判断によって学習に積極的に関わる，自律的な学習者となることを可能にする」と，効果を強調している(三宮，2008，p.174)。

て，子供は自分なりに活動を意味付けたり課題を見付けて自己調整を図ったり，活動への意欲や次時への期待感を高めたりしながら，自律的な学び方や当事者意識を身に付けるようになる。

(4) 指導上の留意点～個別最適な学びに向けて

授業で重要なことは，子供が主体的・自律的に「気付くことができる」「考えることができる」ようになることであり，子供が「できるようになりたい」という思いを強くすることである。そのため，「～に気付かせる」「～について考えさせる」といった文末表現ではなく，以下のような視点から具体的な手立てや支援を明確に書くようにする。

① 場の設定の工夫

生活科では，つくるおもちゃや探検するお店など，個やグループごとに活動や対象が多様である。そのため，子供の実態把握に努め，活動内容に応じた場の設定を工夫する必要がある。例えば，おもちゃをつくる活動では，同時に工夫して遊んだり試したりすることのできる場を設定することが活動をより活発にする。野菜や生き物を育てる時には，継続して観察や世話ができる場や，興味や疑問に思ったことをすぐに調べられる図書環境やタブレットPCなどを整えることで，子供が小さな変化にも気付くようになる。対話や協働を活性化するためにも，他者や学習対象との出会い方の工夫や活動する空間構成の工夫が大きな役割を果たす。

② ICT の活用

ICT 機器は必須の学習道具であり，鉛筆やノートと同じ文房具の一つである。例えば，まち探検や花や野菜のお世話をする際には，タブレット PC やデジタルカメラは記録する道具として便利である。写真や動画を電子黒板に写したり，友達と共有し合ったりすることもできる。対象を比較したり変化を確かめたりするとともに，自分の活動を振り返りながら成長を見付けたりすることもできる。また，タブレット PC のアプリを活用して，友達と見せ合いながら報告したり話し合ったりする集団思考のツールにもなる。どのような目的でいつ活用するのか事前に計画しておくとともに，子供の求めに応じていつでも使えるようにしておく。

学びのポイント
生活科の教科書では，ICT 機器をどのように活用しているか調べてみよう。

③ 個に応じた指導

教室には様々な思いや願い，特性をもった子供がいる。例えば，積極的に発言したり対象に関わったりする子もいれば，友達と関わるのが苦手な子もいる。やりたいことを決めることに慎重な子もいる。そもそも，興味・関心や得意なことも十人十色である。また，きょうだい関係や生活環境，小学校就学前の生活経験も多様である。そのため，支援も教師が見守ったり，やって見せたり，一緒に活動したりなど個によって異なる。子供のよさや既有の経験を生かし，個に応じた手立てや支援を考えておくことで，自信や自己肯定感を高め，学習の個性化を支えることができる。

(5) 指導と評価の一体化～形成的評価と評価計画

形成的評価は，一人一人の子供が本時のねらいを達成し，よりよい学びを実現するためのものである。そのためには，事前に場面に即して評価規準に則った子供の姿を予想し，子供を見取り評価しようとする「基本の目」(嶋野 2001) をもっておくことが重要である。

また,「見付ける・見通す」「取り組む」「広げる」「表現する・振り返る」の各場面での評価の機会を無理のないようバランスを考えて設定する。評価方法も，子供の表情や行動，つぶやきや発言，行動観察，作品やカードなどの多様な視点を取り入れ，事前に計画しておく。これらによって，子供のよさや可能性を見いだし，個の成長や課題を捉え (個人内評価)，具体的な支援に生かすことができる。

(6) 板書計画～もう一つの学習指導案

学習指導案を時間に沿った授業の計画とすれば，板書計画は黒板という平面上に表現された授業計画と捉えることができる。もう一つの学習指導案と言ってもよいであろう。板書計画は，学習指導案の作成経験の少ない若い教師や教職課程の学生にとっては有用である。なぜなら，直感的に授業の全体像を把握することができるからである。本節の (1) でも述べたように，本時のねらい／学習活動／ゴール・イメージの一貫性も板書の上で確認することができる。教師の発問や子供の発言を予想し，**分類・整理し，関係付ける**[*6]ことで，授業の展開も検討することができる。具体的な活動や体験を重視する生活科であっても，板書の役割は決して小さくない。むしろ，気付きの質を高め，気付きを次の活動に生かすための板書の役割は大きいといえる。ただし，実際の授業では板書計画を元に柔軟に対応することが大切である。

＊6　分類・整理し，関係づける： このような事前の準備・計画が，実際の授業で個々の気付きをつなぎ，学び合う学級集団を形成し，対象への多面的で豊かな認識や概念的知識の生成を可能にする。

生活科の実践に向けて

第10章 学校，家庭及び地域の生活に関する内容と指導の実際

10.1 学校，家庭及び地域の生活に関する内容の指導に当たって

(1) 内容及び内容構成の考え方

低学年の子供にとって，最も身近な生活の場は，家庭での生活であり，学校での生活である。子供は，こうした身近な環境や人々との関わりを通して，自分の生活の場を少しずつ拡大していく。生活科では，子供の身の回りの環境や地域を学習対象とするため，子供の生活圏そのものが学びのフィールドとなることが多い。したがって，終始教室内にとどまり学びを完結することは考えにくい。ここに生活科の特色がある。

学年の目標 (1) では，子供は，学校，**家庭**及び地域の生活に関わる学習活動を通して，人々，社会及び自然との関わりについて考え，それらのよさやすばらしさを，**自分との関わり**[*1]で気付くことを目指している。なお，学校，家庭及び地域の生活に関する内容として，内容 (1)「学校と生活」，内容 (2)「家庭と生活」，内容 (3)「地域と生活」が位置付けられている。

例えば，子供は，学校を探検する活動を通して，施設や設備の様子を捉えたり，校内の様々な人と出会って交流の輪を広げたりする。初めてみる学校図書館の本の多さに驚き，「わたしも読んでみたいな」「また，行ってみたいな」という願いをもつ。そして，友達とのやりとりや学校司書との交流，学校図書館への再訪問等を通して，好きな本を借りられることや，そのために図書カードがあること，利用の際にはルールやマナーを守ること等，自分と学校生活との関わりを明らかにするとともに，学校での生活を豊かにしていく。

このように具体的な活動や体験を通して，子供の中の一つ一つの気付きが有機的につながり，関連付けられることで，子供は，学校や地域に対する愛着，集団や社会の一員としての行動の仕方を学んでいく。

＊1　自分との関わり： 生活科では，身近な人々，社会及び自然などの対象を自分との関わりで捉えることを大切にしている。対象と自分とどのような関係があるのかを意識しながら，それのもつ特徴や価値を見いだすことである。子供が具体的な活動や体験を通して対象と関わり，自分と対象との関わりを意識するようになることは，小学校低学年の児童の発達に適しており，将来につながる原体験となるものである（参考：2017 学習指導要領より）。

(2) 子供たちに育みたい資質・能力

こうした子供の姿に至る背景には，子供がどのような対象と関わり，どのような活動を行うことによって資質・能力を育んでいくのかという学習指導要領の内容の理解が欠かせない。そのうえで，具体的の活動に照らして，**表10-1**に示した資質・能力を発揮する子供の姿をイメージし，実際の活動場面において，適切な支援や評価につなげていくことが肝要である。

学びのポイント
表10-1に示した「児童の姿」は，一つの例である。「2017解説（生活）」などを参照しながら，ほかにどのような学びの姿が考えられるか話し合ってみよう。

(3) 学習指導の計画及び実践において留意すること

子供の生活圏としての環境に関する内容では，学校や地域をフィールドに多様な人々との出会いや触れ合いが，子供の学びを豊かにする。

例えば，内容(1)では，学校生活に関わる活動を通して，学校での生活を支えている人々の存在や，毎日の登下校を安全に見守ってくれている人々の存在について気付いていく活動を展開する。子供は，日々，学校生活を送る

表10-1　「学校，家庭及び地域の生活に関する内容」と資質・能力を発揮する児童の姿の例

階層	内容	知識及び技能の基礎	思考力，判断力，表現力等の基礎	学びに向かう力，人間性等
学校，家庭及び地域の生活に関する内容	(1) 学校と生活	**学校での生活は様々な人や施設と関わっていることが分かる** 【例】自分が関心を持った施設や人について，その特徴や役割，働きなどに気付いている。それらがみんなのためや安全な学校生活のためにあることの意味を見いだしている。	**学校の施設の様子や学校生活を支えている人々や友達，通学路の様子やその安全を守っている人々などについて考える** 【例】学校の施設の様子や学校生活を支えている人々や友達，通学路やその安全を守っている人々が，自分とどのように関わっているかを考えている。	**楽しく安心して遊びや生活をしたり，安全な登下校をしたりしようとする** 【例】学校の施設，先生や友達などに関心をもって関わろうとしている。思いや願いをもって施設を利用しようとしている。ルールやマナーを守って安全に登下校しようとしている。
	(2) 家庭と生活	**家庭での生活は互いに支え合っていることが分かる** 【例】それぞれのよさや仕事や役割があること，それらと自分との関わりに気付いている。家庭での生活は互いを思い，助け合い，協力し合うことで成立していることや，自分も家庭を構成している大切な人であることが分かっている。	**家庭における家族のことや自分でできることなどについて考える** 【例】家族一人一人の存在や仕事，役割，家庭における団らんなどが，自分自身や自分の生活とどのように関わっているかを考えている。自分のこととして行うべきことや家庭での喜びや気持ちのよい生活のための工夫などについて，何ができるかを考えている。	**自分の役割を積極的に果たしたり，規則正しく健康に気を付けて生活したりしようとする** 【例】自分の生活を見つめ直すことを通して，自分の役割を自覚し進んで取り組んだり，生活のリズムや健康に気を付けた暮らしを継続したりしようとしている。
	(3) 地域と生活	**自分たちの生活は様々な人や場所と関わっていることが分かる** 【例】地域に出かけ，自分の身の回りには様々な場所があり，様々な人たちが生活していることに気付いている。それらの関係や，自分との関わりに気付いている。	**地域の場所やそこで生活したり働いたりしている人々について考える** 【例】地域に出かけ，地域で生活したり働いている人々の姿を見たり話を聞いたりして，地域の場所や地域の人，それらが自分とどのように関わっているかを考えている。	**それらに親しみや愛着をもち，適切に接したり安全に生活したりしようとする** 【例】地域の人々や場所の良さに気付き，それらを大切にする気持ちや地域に積極的に関わろうとする気持ちを一層強くしている。

ことで，様々な人々がいることには気付いていくものの，自分との関わりで認識を深めていくわけではない。一方，指導者が必要以上に準備を整え，出会いの場を与えたとしても，子供の思いや意識が乖離した状態では，主体性は育たず活動は停滞していく。

学校に入学した子供は，不安と期待に胸を膨らませて登校する。見るもの体験することのすべてを新鮮に感じているといってよいだろう。こうした時期を逃さずに，学校探検を計画すれば，驚きと発見の連続であり，疑問に対して，「どうしてだろう」「もっと知りたい」と興味・関心をもって対象に関わっていくことが期待できる。

さらに，1回目の学校探検を終えた子供に，疑問を解決するために「誰に聞いたらよいか」「いつ会いに行ったらよいのか」という視点をもつことで，対象を明確にするとともに，相手の状況や相手の気持ちを想像する機会を提供することになる。続けて，「どのように質問したらよいのか」という視点をもつことで，目的や聞きたいことを整理する状況をつくりだすことができる。

このように学習対象との出会いや活動のタイミングを逃さないことや，子供が環境や多様な人々とのつながりを自ら意識できるように，子供の相手意識や目的意識を生成することが大切である。

なお，学校施設や出会わせる人々については，指導者として，安全面や指導の効果も踏まえ，事前に吟味検討しておく必要がある。例えば，「どのような人に」「どの場面で」「どのような役割を担ってもらうか」を明確にするなどが考えられる。これらのことは，さらに広範囲にわたって対象を選定する必要がある内容(3)地域と生活に関わる活動においても，指導者として留意すべき点である。

また，体験で得た感覚や気持ち，情報や気付きを，**言語活動**[*2]を通して確かにしていくことが重要である。内容(3)では，多くの学校で「まち探検」を計画している。子供にとって見慣れた風景であっても，改めて訪れる街並みやお店，公園等を探検することで，そこに携わっている地域の人々の存在を知ったり，振る舞いや態度，技に憧れを抱いたりする。

一方，その時の感動は，時間とともに薄れ，獲得した気付きとともに消えていく。「まち探検」を際限なく行うことはできないことから考えても，いかに，鮮度のよい状態を維持し，自分との関わりの中で知識として定着するためにも，友達との対話など，自分の言葉で語ることに加え，自分の考えや

＊2　言語活動：言語活動には「読む」「聞く」「書く」「話す」の四つがある。「読む」「聞く」は入力系の言語活動であり，「書く」「話す」は出力系の言語活動である。

生活科では，児童が対象に直接働きかけ，対象から様々な情報を取り出し，表現したいという意欲が生まれるようにすることが大切である。四つの言語活動の特性を踏まえつつ，言葉などによる振り返りや伝え合いの場を適切に設定することも大切である。

気持ちを絵や文字にして整理し，蓄積することが重要である。その際，おすすめの場所を見付けたり，地域のすごい技をもっている人を比べたり，2回目のまち探検を計画したりするなど，**「見付ける」「比べる」「見通す」等**[*3]，多様な学習活動を引き出すことができるようにすることにも留意したい。また，文字や言葉に関する学びであれば国語科との関連，長さや量などの数量に関する学びの必要性が生じるならば，算数科との関連を図るなど，学んだ力が発揮されるように教科等との関連を図った指導も有効な手立てである。

生活科の学びは，常に子供が主役でなければならない。子供の思いや意識のつながりを大切にした活動を担保するためにも，体験で得たその時の様々な感情や気付きを言語化して，子供がいかに認識を確かにしていくことができるかが鍵となる。

それでも，「まち探検」当日に，言語活動や振り返りの時間が十分に確保できないこともある。その際，タブレット端末（1人1台端末）等を活用して画像や動画を記録したり，その時に感じたことをメモしたりして，その時に感じたこと気付いたことを後日想起できるような工夫も考えられる。学ぶスピードも，興味・関心も，認知特性も異なる子供の実態において，タブレット端末等を活用した子供主体の学び方は，低学年であっても，感動したことや考えたことを瞬時に記録し，考え，表現できる道具として，今後検討されるべきであろう。

学校，家庭及び地域の生活に関する内容では，学びのフィールドが学校であっても，家庭であっても，地域であっても，共通して育成すべき資質・能力がある。例えば，「安全への意識」「時間を守ること」「適切な挨拶や言葉遣い」などはそれにあたり，どの内容においても求められる生活上必要な習慣や技能である。

例えば，学校探検を経験した子供が，学校施設や様々な先生や主事さんとの出会いを通して，褒められ，価値付けられ，励まされる経験は，自己有用感や手応えとして，上手に挨拶ができるという新たな自己イメージの獲得につながる。そのことが，いろいろな人との出会いを前向きに考え積極的に関わろうとする態度へとつながっていくものと期待できる。

このように，指導計画を作成する際には，内容ごとの活動や体験のつながりのみならず，資質・能力がどのように育成されるのか，またそれらが，新たな場面でも転移応用でき，実践の場面でも自在に使えるものとなるよう単元相互のつながりについても意識したい。

＊3 「見付ける」「比べる」「見通す」等：生活科では，「見付ける，比べる，たとえる，試す，見通す，工夫するなど」の多様な学習活動の充実を図り，活動や体験を通して得られた気付きを質的に高める指導を行うことが重要である。児童の気付きは，教師が行う単元構成や学習環境の設定，学習指導によって高まるものであり，意図的・計画的・組織的な授業づくりが求められている。（参考：「2017解説（生活）」第4章「2　内容の取扱いについての配慮事項」）

10.2 実践事例（計画，実践，評価）

（1）単元の指導と評価の計画

学びのポイント

探検活動は，子供の興味や関心を尋ねながら，担任と一緒に全員で同じ場所へ行くところからはじめることが考えられる。次第に子供の行きたいところ別のグループに分かれて探検するよう段階を踏みたい。また，その場所に関わる人（管理職，専科教諭 養護教諭，用務主事など）とは，事前にこの単元の趣旨やねらいを共有し，教職員全体で子供の学びを支援する体制を整えることが重要である。子供が学校の施設や教職員に興味・関心をもつことができるようにするためには，具体的にどのような学習活動を行うことが考えられるだろうか。話し合ってみよう。

① 単元名（内容のまとまり）

「がっこう　だいすき　たんけんたい」（第１学年）【内容（1）「学校と生活」】

② 単元の目標

学校や通学路を探検する活動を通して，学校や通学路の様子について考えたり，見付けたことを伝え合ったりし，学校の施設・通学路の様子や自分たちの学校生活を支えている様々な人々がいることに気付き，親しみをもって関わろうとしたり，楽しく安心して生活しようとしたりすることができるようにする。

③ 単元の評価規準

		知識・技能	思考・判断・表現	主体的に学習に取り組む態度
単元の評価規準		学校や通学路を探検する活動を通して，自分たちの学校生活は，施設や様々な人々と関わっていることに気付いている。	学校の施設の様子や学校生活を支えている人々について考えたり，自分の考えを表現したりしている。	学校の施設や通学路，様々な人に親しみや関心をもって，すすんで関わろうとしたり，安心して楽しく生活しようとしたりしている。
小単元における評価規準	1			①学校の施設や教職員・上級生に興味・関心をもって関わろうとしている。
	2	①学校には様々な施設があり，様々な人々がいることに気付いている。	①探検したい場所や関わりたい人，学校探検のルールやマナーについて，関心をもって選んだり，決めたりしている。	②楽しく安全に学校生活を送るために，ルールやマナーを守ろうとしている。
	3	②学校の施設の使い方やマナーの大切さが分かっている。	②探検した施設との関わりや探検で出会った人々について自分との関わりで捉えながら，気付いたことを表している。	
	4	③自分たちの通学路の様子や安全を守ってくれる人の存在に気付いている。		③通学路や安全を守ってくれる人に親しみをもって関わろうとしたり，ルールやマナーを守って安全に登下校したりしようとしている。

④ 単元について

本単元は，学校の施設や通学路，教職員・友達や上級生，通学路の安全を守ってくれている人などを学習対象とする。児童が学習対象と繰り返し関わり，自分とのつながりについて親しみをもって考えることで，学校が楽しく安心な居場所になったり，自分たちの生活は様々な人たちに支えられていることに気付いたりできるようにしたい。そのため，こうした児童の資質・能力を発揮するための学習活動や評価規準を次のように意図をもって設定した。小単元1は，主に，学校の施設や人に対して興味・関心をもって関わることから，「主体的に学習に取り組む態度①」の評価規準を設定した。小単元2は，児童がマナーやルールを守りながら自らの思いや願いをもって学校探検を行い，学校の施設や人々について気付いていくことから，「知識・技能①」「思考・判断・表現①」「主体的に学習に取り組む態度②」の評価規準を設定した。小単元3は，児童が対象を自分との関わりで捉え，気付いたことを発表することから，「知識・技能②」及び「思考・判断・表現②」の評価規準を設定した。小単元4は，学校から通学路へと活動の場を広げ，自分を守ってくれている人の存在や，安全な登下校についての態度を評価することから，「知識・技能③」及び「主体的に学習に取り組む態度③」の評価規準を設定した。なお，入学して間もない児童の学びという点から**スタートカリキュラムとのつながり**[*4]を踏まえた。

⑤ 単元の指導と評価の計画

小単元名（時数）	○学習活動	評価規準	・評価方法
1. わくわくどきどき小学校！2年生と一緒に学校探検（4）	・小学校でやってみたいことや幼稚園・保育園との違いについて話したり，学校のいろいろな場所について想像したりして学校探検への意欲を高める。 ・校内のいろいろな場所を先生や2年生と一緒に探検する。	態①	・行動観察や発言分析
2. 行きたいところ決めたよ！自分たちで学校探検（8）	・再度行ってみたい場所や新たに行ってみたい場所を決めたり，学校探検での約束を考えたりする。 ・目的意識をもち，約束を守ってグループごとに学校探検をする。 ・2回目の探検をもとに，誰に会いたいのか，何を聞きたいのかを考える。3回目の学校探検の計画を立て，グループで学校探検をする。（会いたい，聞きたい，話したい人）	思① 態② 知①	・発言分析や探検カードの分析 ・行動観察や探検カードの分析 ・発言分析や振り返りカードの分析
3. 分かったよ学校のこと（3）	・今までの学校探検を振り返り，分かったことや良いところをグループごとに相談して発表する。	思② 知②	・行動観察や振り返りカードの分析
4. 学校のまわりはどうかな（2）	・学校の周りや通学路を歩き，安全な登下校について考えたり，安全を守ってくれる人に挨拶したりする。	知③ 態③	・行動観察や振り返りカードの分析

学びのポイント

「すき」「なかよし」「ふしぎ」「おきにいり」など，感覚的につかみやすい言葉をキーワードにして学校探検を繰り返し，「もっとできそう」「次は，〇〇したい」など，生活を広げていく言葉につなげられるように工夫したい。児童が自分とのつながりについて親しみをもって考えるためには，どのような言葉がふさわしいか考えてみよう。

＊4　スタートカリキュラムとのつながり：内容(1)「学校と生活」では，「幼児教育から小学校教育への円滑な接続を図る観点から，入学当初においては，生活科を中心とした合科的・関連的な指導や弾力的な時間割の設定を行うなどのスタートカリキュラムとして単元を構成し，カリキュラムをデザインすることも考えられる」と述べられている。本単元では，思いや考えを伝える場面を国語科との関連，学校探検のルールやマナーを考える場面を道徳との関連として実施することが考えられる。（参考：「2017解説（生活）」第3章第2節 生活科の内容）

(2) 指導の実際１：第５時「学校探検で行くところを決めたい」

① ねらい

１回目の探検で気付いたことをもとに，友達と話し合いながら２回目の学校探検で行ってみたい場所や約束を考えることができるようにする。

②指導の工夫と配慮

〈学習対象にすすんで関わるための環境構成の工夫〉

・児童の気付きや活動の様子の写真を掲示しておくことで，振り返って認識を深めたり，新たな視点をもったりすることができるようにする。

・生活科コーナーに学校の様々な施設やいろいろな人の写真を掲示することで，学校の施設や教職員・地域の人に興味・関心をもつことができるようにする。

〈ともに学び，認識を確かにするための板書の工夫〉

・児童の思いや願いに即しためあてを板書するとともに，考える視点を示すことで何ついて考えるのかを捉えやすくし，さらに，視点ごとに児童の発言を整理して板書することで，友達や学級全体の考えを認識しやすくする。

③ 活動の様子

主な活動	◇教師の手立て　★評価（方法）
1　前時までの活動を振り返り本時のめあてを確認する。	◇前時の終わりの時に考えた今日やってみたいこと（めあて）を問いかける「今日したいことは何ですか」
学校たんけんでいくところをきめたい	
2　学校探検で行きたい場所を決めたり，約束を考えたりする。	◇考える視点として「行きたい場所」「やくそく」「もちもの」の三つの視点を示して，自分たちで学校探検の計画が立てられるようにし，主体的に取り組むことができるようにする。
3　行きたい場所や約束などを発表し合う。	◇交流することで考えが広がったり，学校探検への意欲を高まったりするよう価値づける。 ★思①（発言分析や探検カードの分析）
4　今日の振り返りと次にやってみたいことを話し合う。	◇次の活動への意欲を持つことができるよう声掛けする。

学びのポイント

子供の活動の様子や視覚資料等は，本時のねらいに応じて全体で共有しやすい位置に配置しよう。それ自体が考える手掛かりになったり，活動のよさや学習の成果を自覚したりすることに役立つ。一方で，移動式パネル等を必要以上に設置すると場所をとり，子供がつまずいてけがにもつながる危険性がある。更新するものと単元終末まで掲示するものとを明確に区別し，適切で安全な環境構成となるよう留意しなければならない。学校では子供の安全こそ第一に優先すべき事項である。本単元を「安心・安全」の観点から見つめ直し，どのようなことに気を付け，どのような点に気を付けたらよいのか，具体的な場面を想定して考えてみよう。

〈板書計画〉

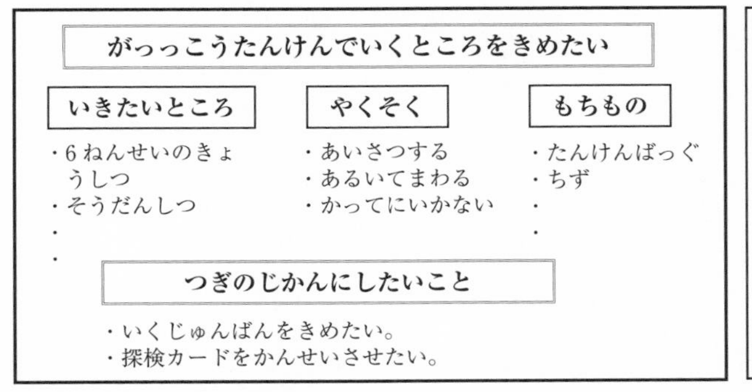

学びのポイント

1年生の早い時期から生活科の学習は，自分たちで活動の方向や方法を決めることができるということを実感できるようにしたい。そのためには，探検したい場所を選んだり，関わりたい人を決めたりするような自己選択，意思決定の機会を発達段階に応じて意図的に設定していきたい。どのような具体的な場面が想定できるか話合ってみよう。

④ 評価の方法と実際

子供は，本時までに一斉での学校探検を経験している。指導者は，2回目の学校探検がこれまで以上に子供主体の活動とするために，学校図書館から借りてきた「小学校に関する絵本」の読み聞かせを行うなど，国語科との関連を図りながら，実際の学校探検に加えて本時につながる動機付けを丁寧に行った。子供にとっての自然な流れを演出することによって，本時のめあてである「がっこうたんけんでいくところをきめたい」に無理なくつながり，子供は，導入段階から2回目の学校探検に向けて次々に発言した。指導者は意欲的で積極的な学級の雰囲気を捉え，当初，「いきたいところ」「やくそく」「もちもの」の視点を示してから考える授業展開から，「いきたいところ」(場所や人) に焦点化して考える展開へと変更した。さらに，「どうして行きたいの」「どうして会いたいの」等の理由を問う発問を織り交ぜながら子供が自分と対象との関わりを捉えられるようにした。後半，指導者は，「このまま学校探検に行けるのかな，気を付けることはないかな」と問いかけ，子供から「やくそく」や「もちもの」への気付きを引き出した。

学校図書館に関心をもったA児は，「図書館に行って本を読みたい。でも，静かにしないといけない。みんなで静かに読んでるから」と発言し，行きたい場所に対応したマナーについて言及していることが見て取れた。このことから，本時のねらいである 思① については，概ね満足できると評価した。一方，B児は，授業の最後まで自分が行ってみたい場所を明確に表すことができなかった。探検カード (行きたいところに印を付ける等) の記述からもそのことが読み取れた。指導者は，大半の子供が自ら進んで学習に参加していることから，B児のような支援の必要な子供に対して，これまでの活動の様子が掲示されたパネルを効果的に

学校探検で行ってみたい場所を話し合う

活用できていなかったことを反省点とし，改めて，1回目の学校探検の様子や教職員の画像の精選，活用するタイミング等を見通し，次時までに指導の改善を図った。

(3) 指導の実際2：第13時「わかったよ！　学校のこと」

① ねらい

学校探検の活動を通して，学校の施設や学校生活を支えてくれる人について見付けたり尋ねたりしたことから，友達に伝えたいことを選び，自分なりの言葉などで表すことができるようにする。

学びのポイント

初めての「調べて伝える」活動なので，はじめから苦手意識を持たせるようなことがないようにしたい。発表する子供が困ったときは，友達からの支援を促したり，教師による言葉を補足したり，関連する画像データを映し出したりするなどして，最後まで子供が自信をもって発表できるようにしよう。子供が最後まで自信をもって発表するために，指導者としてどのような準備や支援が考えられるか，具体的にアイディアを出し合おう。

② 指導の工夫と配慮

〈自然な流れで対話的な学びを促す工夫〉

学校探検で見付けたとっておきの「すき」「なかよし」「ふしぎ」「おきにいり」についての発表会を設定することで，学校探検を一緒に行動したグループの友達と対話をする必然性が生まれるようにする。また，相互に発表し合うことで，共感したり，上手に発表できたことへの手応えを感じたりして，もっと伝えたい，教えたいという意欲を喚起できるようにする。

〈ICT を活用したイメージの共有〉

上手に伝えるために何度も発表するための言葉を考えたり，成果物の準備に時間を割いたりするのでなく，学校探検での新鮮な発見や気持ちを素直に表せるようにする。そのためにも，学校探検の様子をデジタルデータで保存しモニターに表示したり，児童が発表したい場所や人を画像として準備したりするなど，発表する児童だけでなく，発表を聞く児童にとっても共感しやすく相互交流が活発に図られるようにする。

③ 活動の様子

主な活動	◇教師の手立て　★評価（方法）
1　学校探検活動を振り返り「みんなに伝えたいこと，教えたいことを発表する」というめあてを確認する。	◇これまでの学校探検を動画や写真等を活用して提示し，児童が探検活動での気付きを発表したい，聞きたいという思いにつなげ
学校たんけんでみつけた　とっておきの「すき」「なかよし」「ふしぎ」「おきにいり」を発表しよう。	
2　これまでの学校探検の様子を動画で視聴する。	◇学校探検の動画をICT機器を活用して映し出す。つぶやきを推奨し，学校探検で体験したことを温かな雰囲気の中で想起できるようにする。

3　グループごとに何について発表するのか相談して決める。	◇グループに応じた学校探検の記録画像を配布し，具体的に話合いができるようにする。 ★思②（行動観察や振り返りカードの分析）
4　次時は，どのように発表するのか相談して決めるという見通しをもつ。	◇発表に向けて準備をするというめあてをもつことができるようにする。

④ 評価の方法と実際

学校探検を繰り返し行ってきた子供は，これまでに学校の施設や人々の存在や役割，関わるよさや楽しさ，学校の施設の使い方やマナーについて学んできた。指導者は第5時での指導の反省から，こうしたことを自ら発表できるようにするためには，探検を通じて分かったことや思いを改めて想起させ，自分なりに言語化できるようにする手立てが必要であると考えた。そこで，本時では，指導者がグループごとの探検活動の様子を編集した動画を，授業の導入場面で数分間視聴するようにした。さらに，振り返りカードからグループごとに興味・関心の高い場所や人，ものの画像を5枚程度印刷し配布した。

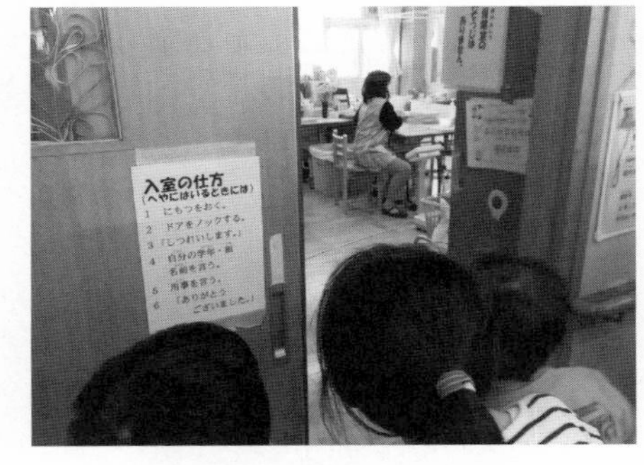

学校探検で保健室を訪ねる

B児は，当初，学校探検にあまり関心をもてずにいたが，校長先生や養護教諭等と触れ合う中で挨拶をほめられたことをきっかけに自信をつけていく姿が，観察や振り返りカードからうかがうことができた。

B児は，校長室や保健室を探検しているグループの活動の様子が映し出されると，「入るときは挨拶しないといけないんだよね」と嬉しそうにつぶやいた。また，グループでの話合いでは，校長室の画像を見ながら，防犯用カメラのモニターを指差し，「いつもこのテレビで見てるんだよね」「ぼくたちを守ってくれてるんだよね」と校長先生の役割について自分なりの捉え方で発言することができた。B児にとっては，対象と親しみをもって関われるようになったことで施設に対する興味・関心も高まっていったことがうかがわれる。これらのことから，B児は，本時のねらいである思②について，概ね満足できると評価した。

一方，動画や画像でイメージを共有し，話しやすくすることで，他のグループの友達にその場で，発表したい内容が共有されてしまうという課題もあり，発表当日までに新鮮さが保たれないという課題も残った。この点からも発表する対象を，学校探検でお世話になった教職員や保護者にするということも考えられる。本時では，実際に「おかあさんに教えたい」という児童も複数おり，今後の指導計画をよりよく改善する手掛かりとなった。

学びのポイント

発表する対象を友達から保護者へと広げていくことも考えられる。入学して2カ月弱のこの時期，保護者もわが子の学校での様子が気になっているはずである。また，家庭の協力を要する生活科の学びへの理解啓発のためにも保護者の前で発表するなどの活動へと広げていくことも有効である。

発表する対象によって，得られる気付きや感動，手応えは異なる。そのため授業のねらいに即して，発表する対象を意図的に選ぶことが重要である。発表対象を「友達」「関わった人」「保護者」にした場合の利点と課題についてそれぞれ話し合ってみよう。

第11章 身近な人々，社会及び自然と関わる活動に関する内容と指導の実際

11.1 身近な人々，社会及び自然と関わる活動に関する内容の指導に当たって

(1) 内容及び内容構成の考え方

学びのポイント
表11-1に示した「児童の姿」は，一つの例である。「2017解説（生活）」などを参照しながら，ほかにどのような学びの姿が考えられるか話し合ってみよう。

「身近な人々，社会及び自然と関わる活動」とは何か。生活科設置当初より，生活科においては，子供自らが身近な社会及び自然といった環境の構成者であり，また，そこにおける生活者であることが前提とされてきた。身近な人々，社会及び自然の構成員である子供がそれらと関わる活動をするとき，それは個人の思いや願いに基づく行為であると同時に，身近な人々，社会及び自然から影響を受け，一方子供もそれらに影響を与え得るものとなる。

子供にとって身近な人々，社会及び自然と関わる活動としては，内容(4)「公共物や公共施設の利用」，内容(5)「季節の変化と生活」，内容(6)「自然や物を使った遊び」，内容(7)「動植物の飼育・栽培」，内容(8)「生活や出来事の伝え合い」が位置付けられている。これらの活動の中で対象と触れ合ったり関わったりするとき，子供たちは「きれいな花が咲いてほしい」「もっと高く飛ばしたい」と個人の思いや願いを膨らませ，新たな活動へと向かっていく。一方子供たちは，思いや願いを叶える活動の過程において，**活動の本質的な価値**[*1]に向かっていく。例えば，ある子供はきれいな花が咲くことで，生命や成長のかけがえのなさを実感する。またある子供は，地域の人や友達のおかげで自分の生活が豊かになっていることを実感する。これらの実感は，子供一人で何かを行うときには得られない実感であり，身近な人々や社会及び自然と子供との影響の相互作用を通して得られるものだろう。子供たちが，「お花を育てると，きれいに育ってくれるから楽しい」「地域の人に凧揚げを教えてもらうと，こんなに高く飛ばせるようになったよ」など，活動の本質について，自覚的にその意味や価値に目を向けていくようになるの

＊1　活動の本質的な価値とは：児童が身近な人々，社会及び自然に関わる活動を繰り返す中で，存在や役割，変化や移り変わり，不思議さや面白さ，生命や成長のかけがえのなさ，関わり合いの楽しさなどを１人ひとりが実感的につかみ，自分のものにしていくことが期待される。「2017解説（生活）」においては，そのような過程を「活動の本質的な価値に向かっていく」と表現している（p.21）。

は，活動が独りよがりなものではなく，周囲との関係性の中で展開されるものだからである。そのような活動の中で，身近な人々，社会及び自然の構成者としての成長が促進されるのである。

このような活動は，子供にとって充実したものとなる。個人の思いや願いを叶える中で得られる達成感や，友達とともに活動することで得られる一体感，そして身近な人々，社会及び自然とのやりとりの中での自己変容への気付きによって得られる自己肯定感は，この充実感に含まれるものである。活動を通して得られる充実感は，子供の普段の活動，すなわち自分たちの遊びや生活が，自分たちの手でよりよいものにつくりかえられるものであるという意識を育て，自ら環境と応答し合いながらよりよい生活を創造しようとする態度を養うことができるだろう。

(2) 子供たちに育みたい資質・能力

こうした子供たちの姿に至る背景には，子供がどのような対象と関わり，どのような活動を行うことによって資質・能力を育んでいくのかという内容の理解が欠かせない。そのうえで，具体の活動に照らして，**表 11-1** に示した資質・能力を発揮する子供の姿をイメージし，実際の活動場面において，適切な支援や評価につなげていく。

表 11-1 「身近な人々，社会及び自然と関わる活動に関する内容」と資質・能力を発揮する児童の姿の例

階層	内容	知識及び技能の基礎	思考力，判断力，表現力等の基礎	学びに向かう力，人間性等
身近な人々，社会及び	(4) 公共物や公共施設の利用	**身の回りにはみんなで使うものがあることやそれらを支えている人々がいることなどが分かる** 【例】生活の中にあるみんなで使うものの存在を，それらが目的に合わせて多様に存在することに気付いている。	**公共物や公共施設のよさを感じたり働きを捉えたりする** 【例】公共物や公共施設を利用することでそれらのよさを実感し，役割や機能を自分や自分の生活とつなげて捉えている。	**公共物や公共施設を大切にし，安全に気をつけて正しく利用しようとする** 【例】公共物や公共施設を利用する活動を通して，それらを大切にし，安全に気をつけて正しく利用している。
	(5) 季節の変化と生活	**自然の様子や四季の変化，季節によって生活の様子が変わることに気付く** 【例】身近な自然の共通点や相違点，季節の移り変わりに，季節の変化と自分たちの生活との関わりに気付いている。	**身近な自然や行事の違いや特徴を見付ける** 【例】身近な自然や行事に興味をもち，それらを観察したりそれらに関わったりすることを通して，そこには同じ性質や変化があること，異なる特徴や違いがあること，時間の変化や繰り返しがあることなどに注意を向けている。	**それらを取り入れ自分の生活を楽しくしようとする** 【例】自然との触れ合いや行事との関わりの中で，気付いたことを毎日の生活に生かし，自分自身の暮らしを楽しく充実したものにしようとしている。

自然と関わる活動に関する内容	(6) 自然や物を使った遊び	**その面白さや自然の不思議さに気付く** 【例】遊びや遊びに使う物を工夫してつくることで，遊びの面白さや自然の不思議さに気付いている。	**遊びや遊びに使う物を工夫してつくる** 【例】試行錯誤を繰り返しながら，遊び自体を工夫したり，遊びに使う物を工夫してつくったりして考えを巡らせている。	**みんなと楽しみながら遊びを創り出そうとする** 【例】自分と友達などとのつながりを大切にしながら，遊びを創り出し，毎日の生活を豊かにしようとしている。
	(7) 動植物を飼育・栽培	**それらは生命をもっていることや成長していることに気付く** 【例】動植物の飼育・栽培を行う中で，動植物が変化し成長していることに気付き，生命をもっていることやその大切さに気付いている。	**それらの育つ場所，変化や成長の様子に関心をもって働きかける** 【例】動植物が育つ中でどのように変化し成長していくのか，どのような環境で育っていくのかについて興味や関心をもって，動植物に心を寄せ，よりよい成長を願って行動している。	**生き物への親しみをもち，大切にしようとする** 【例】生き物に心を寄せ，愛着をもって接するとともに，生命あるものとして世話しようとしている。
	(8) 生活や出来事の伝え合い	**身近な人々と関わることのよさや楽しさが分かる** 【例】自分の伝えたいことが相手に伝わることや，相手のことや相手が考えていることを理解できることのよさや楽しさが分かっている。	**相手のことを想像したり伝えたいことや伝え方を選んだりする** 【例】相手のことを思い浮かべたり，相手の立場を気にかけたりするとともに，伝えたいことが相手に伝わるかどうかを判断して伝える内容や伝える方法を決めている。	**進んで触れ合う交流しようとする** 【例】互いのことを理解しようと努力し，積極的に関わっていくことで，自ら協働的な関係を築いていこうとしている。言語によらない関わりを含め，多様な方法によって能動的に関わり合っていこうとしている。

(3) 学習指導の計画及び実践において留意すること

身近な人々，社会及び自然と関わる活動に関する内容，つまり内容(4)から内容(8)は，子供自らが自身の生活を豊かにしていくために低学年の時期に体験させておきたい活動に関する内容である。

先述したように，活動は個人の思いや願いに基づく行為であると同時に，子供と身近な人々，社会及び自然が互いに影響を与え合うもの，つまり社会的なものとなることによって有意義なものになる。そのような活動へと繋げるための留意点を，ここでは２点述べていく。

まず第一に，子供が試行錯誤したり繰り返したりして，対象に何度も関わりながら体全体で学べるような，ゆったりとした時間設定をすることが大切になってくる。これは，生活科の学年目標が２学年間を見通した設定になっている理由の一つでもある。生活科は子供が思いや願いを叶える過程を大切にする教科だが，思いや願いをもつに至るまでの時間は個人によって異なる。例えば，おもちゃづくりを行うにあたり，何をつくりたいのかが予め決まっている子供もいれば，友達のおもちゃづくりを横目で見る中でようやくつくりたいおもちゃをイメージできる子供もいる。また，子供が「試す」「見通す」「工夫する」などの学習活動を行うにあたっても，それらを行うための時間の確保が必要となってくる。例えば，**モルモット飼育の実践**[*2]において，モルモットの体質改善に取り組む子供は，友達と話し合い，獣医さんからアドバイスをもらう中で，モルモットが運動をしやすい環境づくりを試行錯誤した。このような有意義な活動，すなわち，モルモットの体質改善に向けて「見通し」，友達と提案した様々な方法を「試し」，モルモットが運動をしやすい環境をつくるために「工夫する」ことができるような時間設定が必要となってくる。

第二に，個人の思いや願いを叶える活動が，持続的・発展的にその活動の本質的な価値に向かっていくことを支援することが大切になってくる。個人の思いや願いが持続的・発展的に活動の本質的価値に向かっていくための支援とは，身近な人々，社会及び自然との関わりを生かした支援である。その支援は，教師が子供一人一人の思いや願いを捉えることから始まる。その思いや願いは，クラスの友達との対話の中で，あるいは地域のひと・もの・ことや自然とのやりとりの中で，高められたり，叶えられたりしていく。例えば，子供にとって身近な人々には友達も含まれるが，友達のおもちゃづくりの工夫をお互いに見合い，さらなる思いや願いが生じるような手立てを講じることは一つの方法である。また，上述のように，モルモットの体調不良によって新たな活動が生じ，獣医さんのアドバイスにより思いや願いを叶える活動が発展を見せることもある。このように，活動が身近な人々，社会や自然と関わる中で活動の本質へと向かっていくことを意識しながら教材研究を行っていくことが大切になってくる。

＊2　参考文献：国立教育政策研究所教育課程研究センター『「指導と評価の一体化」のための学習評価に関する参考資料小学校生活科』東洋館出版社，2020 年。

本書には，モルモット飼育の実践事例と，その指導と評価の事例が記載されている。なお，インターネットよりダウンロードも可能である。

11.2　実践事例 1（計画，実践，評価）

(1) 単元の指導と評価の計画

① 単元名（内容のまとまり）

「大すき！　図書館」（第 2 学年）【内容 (4)「公共物や公共施設の利用」】

② 単元の目標

地域の図書館を利用する活動を通して，図書館のよさを感じたり働きを捉えたりすることができ，身の回りにはみんなで利用する施設や物があることや，それらを支えている人々がいることなどが分かるとともに，それらを大切にし，他者のことを考えて正しく利用しようとすることができるようにする。

③ 単元の評価規準

		知識・技能	思考・判断・表現	主体的に学習に取り組む態度
単元の評価規準		図書館を利用する活動を通して，身の回りにはみんなで利用する施設や物があることや，それらを支えている人々がいることなどが分かっている。	図書館を利用する活動を通して，図書館のよさを感じたり働きを捉えたりすることができている。	図書館を利用する活動を通して，施設や物を大切にし，他者のことを考えて正しく利用しようとする。
小単元における評価規準	1	①図書館にはみんなが利用する物や場所があり，それらを利用する人がいることに気付いている。	①図書館で見付けてきた図書館のよさについて表現している。	①図書館の本や施設，職員さんに興味・関心をもって関わろうとしている。
	2	②図書館の利用方法やマナーの大切さが分かっている。	②探検する場所やインタビューの方法，図書館内でのルールやマナーを選んだり決めたりしている。	
	3	③自分たちや利用者みんなのことを大切にしてくれる職員さんの存在に気付いている。		②図書館での経験を振り返り，そのよさを想起することで，これからも繰り返し図書館を利用しようとしている。

④ 単元について

本単元は，内容(4)「公共物や公共施設の利用」の一つの内容によって構成されている。本単元の中心的な学習対象・学習活動を学区内に存在するH図書館の探検とした上で，単元の評価規準を設定した。

第1小単元においてはまず，これまでの地域や学校の図書館での経験を想起させる。その後，図書館について知っていることについて友達同士で出し合ったり，学校図書館と図書館との違いについて考えたりすることで図書館探検への意欲を涵養したいと考え，「主体的に学習に取り組む態度①」の評価規準を設定した。そして実際に図書館に出向いた折に，職員さんに図書館の利用方法を教えてもらって実際に本を借りたり，図書館の中で見つかる不思議な物事(「はてな」)と図書館の魅力(「キラリ」)を探したりして探検する中で，図書館はみんなが利用する場であることに気付くことを重視して「知識・技能①」の評価規準を設定した。さらに，「はてな」や「キラリ」を表現し，情報共有することを重視して「思考・判断・表現①」を評価規準に設定した。

第2小単元では，前回見付けた「はてな」を解決するために探検したり，職員さんへインタビューをしたりする。前回に図書館の職員さんに教えてもらった利用方法やマナーにも留意しながらも，図書館での過ごし方や「はてな」を解決するためのインタビュー内容や探検場所を選択し決定することを重視して「知識・技能②」と「思考・判断・表現①」の評価規準を設定した。

第３小単元においては，成果物に図書館での出来事や思い出を表現する。今回は，「学区じてん」に図書館の紹介やそこでの出来事，思い出をまとめる活動や，職員さんへのお礼の手紙を書く活動を通して，図書館のよさを改めて実感したり，親切にしてくれる職員さんへの感謝の気持ちをもったりすることを重視し，「知識・技能③」との評価規準を設定した。また，そのような振り返りの活動を通して今後も愛着ある図書館を積極的に利用していく態度を養うことを重視して，主体的に学習に取り組む態度②」の評価規準を設定した。

⑤ 単元の指導と評価の計画

小単元名（時数）	○学習活動	評価規準	・評価方法
1. 図書かんたんけんをしよう（5）	・地域の図書館や学校図書館での経験を子供たち同士で出し合い，図書館への興味・関心を高める。 ・図書館で職員さんに本の借り方を教えてもらい，本を借りる。 ・図書館で「はてな」や「キラリ」を見付ける活動を行う。 ・図書館で見付けた「はてな」や「キラリ」を友達と伝え合う。	態① 知① 思①	・行動観察や発言分析 ・行動観察，発言分析，端末データの分析 ・発言，学習カード，端末データの分析
2. 図書かんのしょくいんさんにインタビューをしよう（4）	・「はてな」を解決するために，図書館でさせてもらえそうなことを話し合い，職員さんへのインタビューを計画する。 ・図書館の利用方法やマナー，インタビューをするときの挨拶の仕方について話し合う。	思② 知②	・発言，学習カードの分析 ・発言，学習カード，端末データの分析
3. 『学区じてん』にまとめよう（4）	・図書館の利用方法や望ましい利用の在り方，図書館や職員さんの「キラリ」を『学区じてん』にまとめる。 ・図書館の職員さん宛に手紙を書く。	知③ 態②	・行動観察，発言分析，学習カードの分析

(2) 指導の実際：第 3, 4, 5 時「図書かんたんけんに出かけよう」

① 指導の工夫と配慮

事前に図書館の職員さんと打ち合わせをし，通常の業務に差し障りのない範囲で体験させてもらえそうなことや守るべきルールなどの確認を行い，子供の興味・関心に応えられるようにした。また，本実践においては，クラウド型授業支援アプリを用いて，図書館で見付けた「はてな」や「キラリ」を撮影し，教室に戻ってからそれぞれの画像に撮影した理由を付けて共有する。よって，写真撮影に関わる許容範囲なども事前に相談した。

授業時間内だけでなく，日常生活において図書館を利用するようになるための配慮として，2年生全員が図書カードを用いて本を借りる活動を行ったり，図書館の「はてな」や「キラリ」を放課後に見付けてくる子供の態度に対して声かけ等での価値付けを行ったりした。

② 活動の様子（第3時，第4時，第5時）

主な活動	◇教師の手立て　★評価（方法）
1　前時までの活動を振り返り本時のめあてを確認する。	◇前時の終わりの時に考えた今日やってみたいこと（めあて）を問いかける「今日したいことは何ですか」
図書かんではてなやキラリを見付けたい	
2　前時に決めた図書館での三つのやくそくと行きたい場所などを発表し合う。	◇考える視点として「行きたい場所」「やくそく」「もちもの」の三つの視点を示して，自分たちで学校探検の計画が立てられるようにし，主体的に取り組むことができるようにする。
3　図書館に着いたら，各班に分かれて「はてな」と「きらり」を探す。	◇タブレット端末を持参し，「はてな」や「キラリ」を見付けたらすぐに撮影できるようにする。 ★知①（行動観察，発言分析，端末データの分析）
4　職員さんに本の借り方を説明してもらい，実際に借りて読む。	◇いつでも本を借りに来られることを強調する。
5　教室に戻り，図書館で見つけた「はてな」や「キラリ」を共有する。	◇タブレット端末で撮影した画像に説明を書き込み，それをモニター等で共有できるようにしておく。 ★思①（行動観察，発言分析，端末データの分析）

2年1組の子供たちは，図書館探検を楽しみにしていた。国語科の授業で学校図書館の工夫について知ったり，学校図書館で本を借りたりした子供たちは，休み時間においても頻繁に学校図書館を利用するようになっていた。4月からの転入生であるA児もその一人だった。元々読書が好きなA児は学級文庫の本を好んで読む姿が見られたが，友達と一緒でなければ教室外に自ら出ない傾向の子供だったため，学校図書館に足を伸ばす機会がなかった。そのA児も国語科の授業で学校図書館に行って以来，休み時間に友達と頻繁に学校図書館に出向くようになった。教師は，学校図書館を通じて活動範囲を広げたA児を含めたクラス全員が，図書館と関わることによって，さ

らにその範囲を広げることができることを願って，本単元を構想した。

第1時，第2時において子どもたちは，学校図書館と図書館との違いを予想した。例えば，「学校図書館は，子供たちしかお客さんはいないけど，図書館には，いっぱいいる」という子供の意見から，「1日に何人図書館に来るのか」「お年寄りがいちばん多いんじゃないか」「赤ちゃんは来るのか」など，たくさんの「はてな」が生まれた。本時（第3時，第4時，第5時）においては，子供が図書館を各自で探検しながら「はてな」を解決する活動と，さらなる「はてな」を見付ける活動，図書館の「キラリ」を見付ける活動を行った。また，同時進行で，図書館の職員さんから図書館の利用方法を聞き，実際に子供たちが図書カードを用いて本を借りる活動も行った。2年1組と2組が同じ時間に図書館に行き，前半は1組が図書館探検をしている間に2組が利用方法を聞いて本を借りる活動を行い，後半は各組が交代する手筈で行った。

1組の子供は，前時で決めた共通の三つの約束，すなわち，「他のお客さんの邪魔にならないように静かにする」「どうしても話すときは，ねずみさんの声で話す」「走らない」を守りながら，各自「はてな」を解決したり，「はてな」や「キラリ」を新たに見付けたりする活動に出かけた。図書館には，絵画が飾られていたり，入り口付近にその季節に関する本が置かれていたりした。子供の中には，それらを「キラリ」として撮影していた者もいたが，A児は「はてな」としてタブレット端末でそれらを撮影し，保存していた。図書館は2階の一室を学習室として開放しているが，その部屋の用途が分からずに，「はてな」として撮影している子供もいた。

後半は図書館のBさんに図書館の利用方法を話してもらい，本を借りる活動を行った。A児は引っ越してきて間もなかったので，新しい図書カードを予め作ってもらい，本時において初めて図書館で本を借りることとなった。聞こえないくらいの小さな声で「お願いします」と言ったA児に対して，Bさんは「はい，どうぞ」と満面の笑みで答えてくれたので，A児は嬉しそうな笑みを見せた。

教室に戻った後，子供たちはタブレット端末で撮影してきた画像に，その画像を撮影した理由を付けた（**右の写真**）。その後，その画像を「はてな」提出ボックスと「キラリ」提出ボックスに送った。その画像は，のちに子供が「はてな」と「キラリ」を伝え合う時間に，教師によってプロジェクターに映されることになった。

A児が撮影・編集した画像

伝え合いの時間に，教師は珍しく手を挙げたＡ児を第一発言者に指名した。Ａ児は，「『はてな』を見付けました。『はてな』は，図書館なのに絵が飾ってあったことです」と話した。「私も！」「私は『キラリ』にした！」と他の子供の声が聞こえた。教師が絵画の展示を「キラリ」にした子供にその理由を聞くと，「お客さんが本を読むのに疲れたときに，気分転換に絵を見られるようにしていると思うから」と答えた。他にもいろいろな意見が出たが，「本当にそうなのかな？」という教師の投げかけに，子供は答えられずにいた。教師はＡ児に対しても，「Ａさんはどう，納得？」と尋ねたが，Ａ児は首を傾げて意思表示した。結局，事実は分からないので，クラス全体の「はてな」として，他の疑問とともに，次回の図書館探検で職員さんにインタビューすることになった。

③ 評価の方法と実際

第３時，第４時，第５時においては，「知識・技能②」「思考・判断・表現①」「主体的に学習に取り組む態度②」の評価を行った。「知識・技能②」については，図書館探検中に他の利用者を意識し，適切な声量を心がけている子供の姿や，利用者に挨拶をしてもらったときに小さな声でしっかりと挨拶を返す姿を見取ることができたので，教師はのちにクラス全体にその姿を広め，価値付けをすることができた。

また，子供たちのタブレット端末からクラウドに送られてきたデータも評価に役立った。「知識・技能②」については，図書館が利用者のために行っている工夫について気付いているかどうかを見取ることができた。「思考・判断・表現①」についてもクラウドに送られてきたデータが役立ち，子供たちが何を「はてな」や「キラリ」として表現しているのかについて見取ることができた。

「主体的に学習に取り組む態度②」について，教師は子供が日常生活で繰り返し本を借りていることや，放課後に「はてな」や「キラリ」を見付けに行っていることを把握することができた。２年１組では，日常的に「ふしぎしらべ」という名の，各自で「はてな」を見付けては解決する自主学習を奨励していたため，図書館の不思議調べもクラスの活動として位置付いていったからである。

11.3　実践事例2（計画，実践，評価）

(1) 単元の指導と評価の計画

① 単元名（内容のまとまり）

「たのしいあきいっぱい」（第1学年）【内容(5)「季節の変化と生活」，(6)「自然や物を使った遊び」】

② 単元の目標

秋の自然を見付けたり，秋の自然で遊んだりする活動を通して，秋とその他の季節との違いや特徴を見付けたり，遊びや遊びに使う物を工夫してつくったりして，秋の自然の様子や夏から秋への変化，それを利用した遊びの面白さに気付くとともに，季節の変化を取り入れ自分の生活を楽しくしたり，みんなと楽しみながら遊びを創り出そうとしたりすることができるようにする。

③ 単元の評価規準

		知識・技能	思考・判断・表現	主体的に学習に取り組む態度
単元の評価規準		秋の自然を見付けたり遊んだりする活動を通して，秋の自然の様子や夏から秋への変化，それを利用した遊びの面白さに気付いている。	秋の自然を見付けたり遊んだりする活動を通して，秋とその他の季節との違いや特徴を見付けたり，遊びや遊びに使う物を工夫してつくったりしている。	秋の自然を見付けたり遊んだりする活動を通して，季節の変化を取り入れ自分の生活を楽しくしたり，みんなと楽しみながら遊びを創り出そうとしたりしている。
小単元における評価規準	あきのたからものをみつけよう	①校庭や公園の秋の自然の様子の共通点や相違点，季節の移り変わりに気付いている。		①秋の自然を楽しみたいという思いや願いをもって，校庭や公園の秋の自然と触れ合おうとしている。
	あきのたからものでつくってあそぼう	②校庭や公園の秋の自然はいろいろな遊びに利用できることや，遊びを工夫したり遊びを創り出したりすることの面白さに気付いている。	①遊びの約束やルールなどを工夫しながら，遊んでいる。 ②比べたり，たとえたり，試したり，見通したりしながら，遊びを楽しんでいる。	②校庭や公園の秋の自然の様子や特徴に応じながら，それらと関わろうとしている。
	あきのたからものでみんなであそぼう	③遊びには，約束やルールや大切なことやそれを守って遊ぶと楽しいことに気付いている。		③みんなで遊ぶと生活が楽しくなることを実感し，毎日の生活を豊かにしようとしている。

④ 単元について

本単元は，内容(5)「季節の変化と生活」と内容(6)「自然や物を使った遊び」の2つの内容から構成している。

第１小単元では，内容⑸に重点を置く。子供が秋の自然を楽しみたいという思いや願いをもって，身近な自然に関わり，秋探しをすることを通して秋の自然の様子や特徴，夏から秋への移り変わりに気付くことを目指す。

第２小単元では，内容⑹に重点を置く。子供が秋の自然や身近にある物を利用して遊ぶ活動を通して，遊びを工夫したり，遊びに使う物を工夫してつくったりして，その面白さや自然の不思議さに気付いたり，みんなと楽しみながら遊びを創ったりすることができるようにすることを目指す。

第３小単元では，子供が「あきまつり」をみんなで楽しんだり，単元の学習活動を振り返ったりすることを通して，約束やルールがあると楽しく遊べることや，みんなで遊ぶと生活が楽しくなることなどに気付くことを目指す。子供たちの気付きの質の高まりの過程を大切にするとともに，日常生活も含めた一人一人の変化や成長を丁寧に見取るようにする。

⑤ 単元の指導計画

小単元名（時数）	○学習活動	評価規準	・評価方法
1. あきのたからものをみつけよう (5)	・校庭で秋見付けをする。 ・秋について知っていることや園などで経験したことのある遊びなどを出し合う。 ・校庭や公園など秋見付けを繰り返し行ったり，気付いたことを自分なりの方法で表したりする。	知① 態①	・行動観察 ・発言分析
2. あきのたからものでつくってあそぼう (8)	・秋の自然を利用して遊ぶ。 ・秋の自然や身近にある物を利用して，遊びや遊びに使う物を工夫して作ったり，作った物を使って遊んだりする。	態② 知② 思①②	・行動観察 ・発言や振り返りの記述の分析
3. あきのたからものでみんなであそぼう (4)	・「あきまつり」を開いて，みんなで楽しく遊ぶ。 ・これまでの活動を振り返り，秋の思い出や秋の自然と自分との関わりなどについて，言葉や絵で表現したり，伝え合ったりする。 ・園児を招いて一緒に遊ぶ。	知③ 態③	・行動観察 ・発言や振り返りの記述の分析

(2) 指導の実際１：第２小単元第 7, 8 時「あきのたからものでつくってあそぼう」

① ねらい

身近な自然を利用したり，身近にある物を使ったりするなどして遊ぶ活動を通して，遊びや遊びに使う物を工夫して作ることができるようにする。

② 指導の工夫と改善

・子供の思いや願いを大切にし，多様な表現方法を生かすことができるようにする。教室に材料コーナーを設置し，画用紙，折り紙，ボンド，紙コップなどを準備しておく。

・秋探しに行って見付けたことや，秋の自然物で遊んで楽しかったことを想起できるように，写真や動画を活用する。集めた木の葉や木の実など秋の自然物に触れさせたり，重ねたり，並べたりしながら作品づくりに取り組めるようにする。

・葉，樹木，木の実，木の葉など，子供が自分の遊びの目的のために選び出した自然を利用して，試行錯誤を繰り返しながら，遊び自体を工夫したり，遊びに使う物を工夫してつくったりして考えを巡らせることを通して，遊びの面白さとともに，自然の不思議さに気付くことができるようにする。

好奇心を刺激し，活動を誘発する掲示・展示

子供たちが見付けた「わたしの秋」を木の葉に書いて掲示する。また，図画工作科との関連も図り，校庭の木の葉の色の変化に合わせて子供たちが着色した木の葉を，教室の天井からつるす。

③ 活動の様子

秋の自然の様子や特徴，夏から秋への移り変わりに気付きながら，自分が選んだ秋の材料を使って製作活動を行った。

子供は，公園で見付けた鳥やクワガタを木の葉で表現したり，拾ってきたどんぐりでマラカスを作って遊んだり，つるでリースや輪投げを作ったりするなど，一人一人の「わたしの秋」を表現することができた。

学びのポイント

子供の思いや願いに寄り添うことは，学習活動に多様な広がりを生み出し，子供の学びを豊かにしていく。秋の自然を使った学習活動のアイデアを出し合ってみよう。

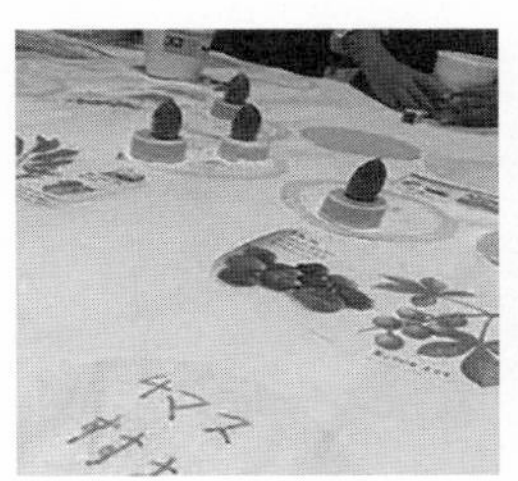

秋すごろく

秋の輪投げ

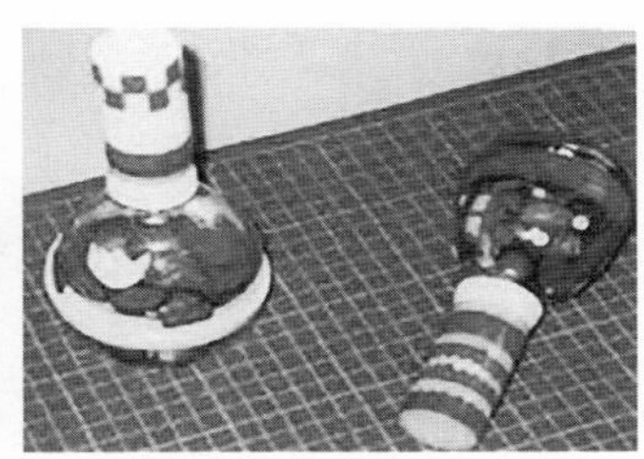

どんぐりマラカス

どんぐりに穴を開けたり，ホットボンドを使用する際には，事前に使い方を説明しておく。

どんぐりこま

松ぼっくりパチンコ

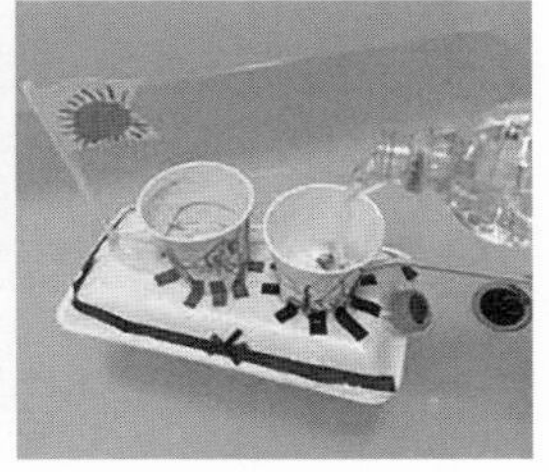

秋いっぱいの船

遊びや遊びに使う物を工夫してつくることができるように教師は，「どうしたらバランスよく浮かぶのかな」「どうしたら速く進むのかな？」と投げかけて，子供の気付きを促す。

図画工作科での学びを生かして，子供は，感じたことや想像したことを平面作品や立体作品にして表した。

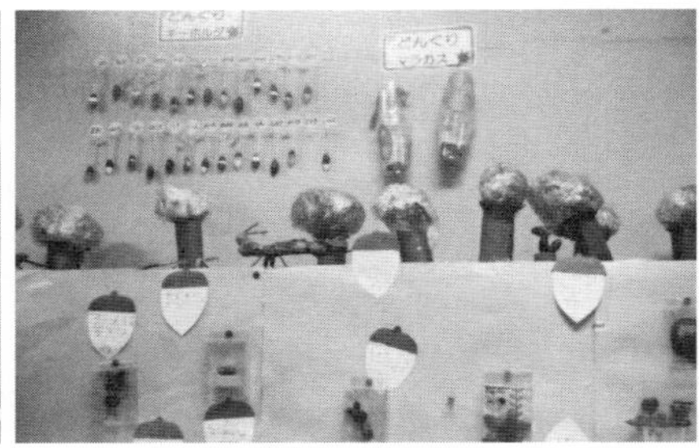

④ 評価の方法と実際

第7・8時においては，「思考・判断・表現①②」の評価を行った。

この活動を通して「どんぐりの形によって回る速さが違ったよ」「輪ゴムを増やすとパチンコが遠くに飛んだよ」「リースで輪を作って輪投げ遊びを考えたよ」など，身近な自然や物を利用して遊べる面白さとともに，比べたり，試したりしながら遊びを楽しんでいる子供の姿を見取ることができた。

子供の気付きを共有するために，振り返りの場を設定した。「秋の自然や，身の回りの材料を使って遊ぶことができたよ」「秋の実でマラカスを作ったけど，木の実によって音が違っていたよ」「秋に発見したことをすごろくにまとめたよ」「今度はみんなと遊びたいな」など，遊びを工夫したり遊びを創り出したりしたことや，次時の活動への見通しをもつ子供の姿を見取ることができた。

(3) 指導の実際2：第3小単元第6, 7, 8時　「あきのたからものでみんなであそぼう」

① ねらい

つくったおもちゃで友達と一緒に遊びながら，もっと楽しく遊べるよう

秋の洋服を友達と一緒に作る子ども　　秋すごろくの内容を友達と一緒に考える子ども

に，遊び方や遊びに使うおもちゃやを工夫して作り，みんなで遊びを楽しむことができるようにする。

教師は，子供のイメージが広がるように「いいね」「そうだね」「なるほどね」などと子供の気付きを認めるようにする。

② 指導の工夫と改善

・作ったおもちゃを友達と比べる場を設定し，互いのおもちゃの共通点と相違点に着目して，自分のおもちゃを改良する視点をもてるようにする。また，みんなともっと楽しく遊べるようにするために，遊びのルールを工夫する時間も十分に確保する。

・友達と遊びながら，作り直したり，ルールを変更したりするなどの工夫を重ねる活動を促すような支援や言葉かけを行う。

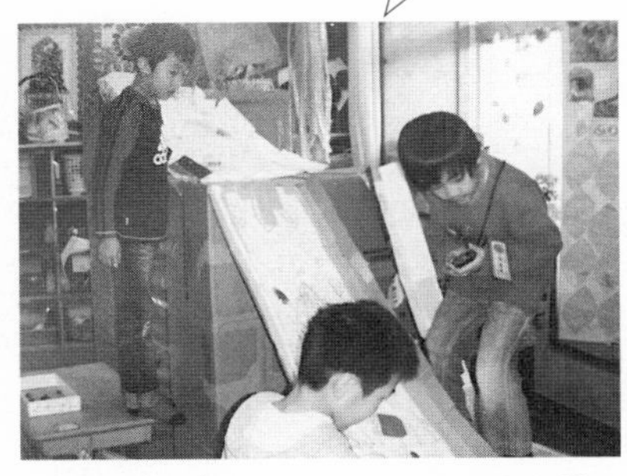

すべり台の角度を考えて車の速さを競う

輪投げの得点を計算してみんなと遊ぶ

秋すごろくで「わたしの秋」を共有する

風の向きや強弱を考えて船を動かす

③ 活動の様子

・空き箱に葉や木の実で作った車のおもちゃを作った子供たちは，みんなで楽しみながら遊ぶことができるように，段ボールで大きな滑り台を作成した。

　子供たちは，滑り台から車を何度も滑らせていくうちに滑り台の角度や長さによって車の速さが違ってくることに気付いた。その後，子供たちは，車の速さが一目でわかるように，表を作成して記録していた。

・自分が育てた朝顔のつるでリースを作った子供たちは，みんなで楽しみながら遊ぶことができるように，リース輪投げの遊びを考えた。

　子供たちは，リースを何度も飛ばしていくうちに，リースの形や重さによって，リースが飛ぶ方向や距離が違うことに気付いた。その後，子供たちは，得点が書いてある場所にリースが入るように考え，算数の学習を生かしながら得点を計算していた。

・秋に見付けたことや気付いたことを，すごろくにまとめた子供たちは，みんなで楽しみながら遊ぶことができるように，じゃんぼすごろくにまとめてサイコロを作成した。

　子供たちは，サイコロを作成していく中で，全部の面が同じ形にしないと転がらないことに気付いた。その後，子供たちは，すごろくを楽しみながら「わたしの秋」を友達と共有することができた。

・トレーやカップで水に浮かぶ船を作った子供たちは，みんなで楽しみながら遊ぶことができるように，水槽で競争をする遊びを考えた。子供たちは，船の重さや風の当たる場所によって，進む距離が違ってくることに気付いた。その後，子供たちは，うちわの本数を増やしたり，風を送る角度を考えたりしながら船を動かしていた。

④ 評価の方法と実際

第6・7・8時においては，「主体的に学習に取り組む態度③」の評価を行った。この活動を通して「秋の輪投げの大きさを変えてルールを考えようよ」「みんなで競争すると楽しいよ」など，友達が加われば，協力したり，競い合ったりしながら，遊びが次々と発展していくことに気付く子供の姿や，より楽しく遊ぼうと知恵を出し合う姿を見取ることができた。

子供たちが書いた振り返りカードからは，「みんなでルールを作って約束を守ったら楽しく遊べたよ」「友達が作った船は，本物の船のようにかっこよくてスピードが速くてすごかったよ」など，みんなと遊びを創り出して遊ぶと楽しいことや友達のよさや自分との違いにも気付くことができたことを見取ることができた。

一人一人の思いや願いを生かした多様な遊びを行うためには，学習環境を整えることも大切である。

自分自身の生活や成長に関する内容と指導の実際

12.1　自分自身の生活や成長に関する内容の指導に当たって

(1) 内容及び内容構成の考え方

子供にとって，自分らしさ（自分のよさや可能性）に気付き，自覚することは，自信や意欲をもって，積極的に日々の生活を過ごしていくための根幹となる。また，自分自身の生活や成長において，周囲の人々によって支えられていることに気付くことは，多様な他者と関わり，その関わりを深めながら日々の生活を充実していくことにつながる。生活科は，自分自身についての気付きを重視し，学習過程の中で，子供が「集団生活になじみ，集団における自分の存在に気付くこと」「自分のよさや得意としていること，また，興味・関心をもっていることなどに気付くこと」「自分の心身の成長に気付くこと」といった自己概念を形成していくものである（文部科学省，2018，p.13）。

学年の目標 (3) では，「自分自身を見つめることを通して，自分の生活や成長，身近な人の支えについて考えることができ，自分のよさや可能性に気付き，意欲と自信をもって生活するようにする」ことを目指している（文部科学省，2018，p.21）。この目標を背景に「自分自身の生活や成長に関する内容」が想定されている。内容 (9)「自分の成長」が中心ではあるが，内容 (1)「学校と生活」から (8)「生活や出来事の伝え合い」とも関連がある。

内容 (9)「自分の成長」では，子供が「自分の生活や成長を振り返る活動」を行うことによって資質・能力を育成することが目指される。

自分の生活や成長を振り返る活動は，過去の自分や出来事と現在の自分を比べたり，身近な人から話を聞いたり，自分ができるようになったことを思い出したりして，現在の自分を幼い時期から振り返ること等である。こうした活動の過程で，子供が比較や関連付けといった思考を行うことで，自分の心（思いやりや粘り強さ等）や身体（身長等）が成長したこと，日々の学習や生活で様々な物事ができるようになったことや自分の役割が増えたこと等に，子供自身が実感をもって気付いていく。そして，子供自身が成長した喜びを感じ，自分を支えてくれた人々に対する感謝の気持ちをもち，豊かな生活を送ることができるようになることをねらっている。

日々の生活や幼児期の教育で育まれてきた資質・能力を踏まえて，子供一人一人が自分自身の生活や成長を見つめ直し，自分のことについて，過去のある時点と現在を比べたり，それらを支えている人々との関連を見付けたりして，実感的に自己を理解していくことが重要である。それゆえ，子供の生活の文脈や流れの中で，自分自身の生活や成長を振り返ることの必然性が生じやすい時期として，各学年の終わり頃の節目に実践を行うことが多い。

(2) 子供に育みたい資質・能力

学びのポイント
表12–1に示した「児童の姿」は，一つの例である。「2017解説（生活）」などを参照しながら，ほかにどのような学びの姿が考えられるか話し合ってみよう。

こうした子供の姿に至る背景には，子供がどのような対象と関わり，どのような活動を行うことによって資質・能力を育んでいくのかという学習指導要領の内容理解が欠かせない。その上で，具体の活動に照らして，**表12-1**に示した資質・能力を発揮する子供の姿をイメージし，実際の活動場面において，適切な支援や評価につなげていく。

表12-1 「自分自身の生活や成長に関する内容」と資質・能力を発揮する児童の姿の例

階層	内容	知識及び技能の基礎	思考力，判断力，表現力等の基礎	学びに向かう力，人間性等
自分自身の生活や成長に関する内容	(9) 自分の成長	**自分が大きくなったこと，自分でできるようになったこと，役割が増えたことなどが分かる** 【例】体が大きくなるなどして心も体も成長したことに気付く。文字や絵が書けるようになるなどの技能も習熟し様々なことができるようになったことに気付く。学校や家庭で自分の役割が増えたり，できるようになったりしたことに気付く。優しさや思いやり，我慢する心などの内面的な成長に気付く。	**自分のことや支えてくれた人々について考える** 【例】現在の自分を見つめ直し，過去と現在の自分を比べることができる。これまでの自分の生活や成長と，それに関わる人々を関連付けることができる。	**これまでの生活や成長を支えてくれた人々に感謝の気持ちをもち，これからの成長への願いをもって，意欲的に生活しようとする** 【例】もっと上手にできるようになりたいなどの次の目標をもち努力しようとする。自分の成長の生活や成長を支えてくれた人々への感謝の気持ちをもとうとする。

(3) 学習指導の計画及び実践において留意すること

生活科では，自分自身や自分の生活について考えたり，身近な生活における人々と自分の関係性を捉えたりすることを，子供が豊かな生活を送るために重視している。しかしながら，この内容は生活圏にある具体的な対象ではなく，子供自身のことを学習対象としており，低学年の子供にとっては，日常生活の中で関心をもちにくいものである。子供にとって，楽しく価値があると感じられる活動へつなげるための留意点を述べる。

まず，学習活動に際して，子供が自分自身の生活や成長を振り返ることへの思いや願いを抱き，自分と向き合うことの必然性を感じることが大切である。年間指導計画において，本単元を実践する時期の設定が重要である。子供の学習及び生活の中で，自分自身の生活や成長を振り返る必然性が生じる（もしくは子供は自覚していなくても，教師の働きかけによって関心を寄せる可能性がありそうな）タイミングを狙うことが必要となる。それゆえ，1年生や2年生の1月から3月といった学年の節目に計画されることが多い。この時期は，他教科（国語科や図画工作科等）においても自分自身に関わる教育内容・教材を扱うことが多く，それらと合科的・関連的な指導を行うことも考えられる。

また，学校生活や授業の中で，子供の写真や映像，作品，エピソード等を計画的に収集・保存していくことが求められる。家庭や地域で子供に関わっている人々（保護者，放課後児童クラブや習い事の指導員，幼稚園の教員等）の協力を得て，学校外のエピソードを得ると，子供自身が周囲の人々に支えられていることを実感しやすくなる。

本内容は，子供が自分自身と向き合うことが中心的な活動となる。他の内容以上に，その子に最適な学習活動を保障することが大切である。例えば，振り返る時期の範囲は，思い出を共有しながらも，子供一人一人が自分で選択・決定していくことが考えられる。**表現活動**[*1]では，絵や文章，プレゼンテーションだけでなく，身体を使った動作や劇化など，個々の子供の関心に応じた多様な方法を保障し，子供が自分らしく活動できるようにする。子供によっては，自分のことを表現することに恥ずかしさを感じることもあり，教師の求める姿を押し付けることなく，ゆっくりと学習を展開したい。ここでは，学級全体での共同制作や合意形成を行うことよりも，個々の思いや願いに即して，子供がじっくり自分自身に向き合うものとすることが大切である。

なお，学習過程では他者との協働を適切に設定したい。協働的な学習は，子供の思考を深め，**気付きの質**[*2]を高めることにつながる。例えば，同じ表現の仕方を選んだ子供同士でグループを作って，深め合うことが想定できる。

学習指導では，**情報機器の利用**[*3]も有効である。例えば，電子黒板を用いて，過去の行事（入学式や運動会等）の写真や映像を見せることによって，子供がこれまでの自分の生活や成長を振り返りたいと思いや願いを抱くようにする。

学びのポイント
他教科の教科書を参照して，内容(9)「自分の成長」につながる教材や単元を探してみよう。

＊1　表現活動：単元の学習過程において，体験活動と表現活動（話し合いや発表など）を繰り返し行うことで，子供の気付きや思考は高まる。表現活動では，目的や相手意識をもつことも有効である。子供が表現をすること自体を楽しめるように計画を行うことが大切である。（参考：「2017解説（生活）」）

＊2　気付きの質：気付きは，子供が自覚をしたり，個人や集団の中で関連付けたりすることによって質が高まる。その過程では，活動や体験にじっくりと没頭したうえで，それを子供が表現することが大切である。「生活科においては，気付きの質の高まりが深い学びである」とされる。（参考：「2017解説（生活）」p.77）

＊3　情報機器の利用：子供の発達段階や直接体験を重視する生活科の特性を踏まえて，単元の学習過程において，適切な場面で取り入れる。情報機器の利用は，計画的に指導していくことが求められる。（参考：「2017解説（生活）」pp.70-71）

また，過去の自分を調べる活動では，ビデオ会議を使用して幼稚園の先生にインタビューを行ったり，タブレット端末でインタビューを録画し学校へ持ち寄ったりすることが想定できる。表現活動では，写真や絵を並べたデジタル紙芝居の作成もできる。なお，学校生活や授業の記録を学習アプリケーションやクラウドに保存していくと，子供がそれらを手がかりに自分の生活や学習を振り返る機会ともなる。

本内容を中心にした単元は，1年生と2年生で繰り返し，設定されることが多く，それらの単元間の発展性も考慮したい。1年生では，1年間の成長を対象とすることが考えられる。その際，具体的な他者との交流があると自分への気付きをもちやすい。例えば，幼児との交流活動を行うことで自分が大きくなったことを実感するきっかけとしたり，上級生との交流活動で将来に向けてのあこがれをもったりということも想定できる。また，低学年の子供にとって身近な絵本や物語を用いて，登場人物に感情移入することで，自分自身に関心を向けていくこともできる。2年生の終わり頃に学習を行う場合は，複数年の成長を対象とすることが考えられる。その際，低学年から中学年への節目として，これまでの成長を振り返るきっかけとし，3年生に向けた目標を立てる等の活動も考えられる。

子供が思い出の写真や物を持ち寄る際には，多様な家庭環境や背景への配慮が不可欠である。子供が一人一人の多様性を認め合える学級の雰囲気を作り出し，子供の多様性を包摂した教育実践を行いたい。外国にルーツをもつ子供が在籍している学級で実践を行う場合には，そうした子供の背景や文化を生かしながら，子供たちが学級内の多様性に気付き，相互に尊重する気持ちを培い，自分らしさを再発見することにつなげたい。また，家庭と連携するきっかけとして生活科の実践を活用することで，学級経営の一助にできる。

子供一人一人の姿は，状況や文脈で変化しており，教師は子供を決めつけないことが必要である。とりわけ本単元では，子供が自分自身の成長を自ら振り返ることを支えていくことが重要である。子供とともに実践を行う中で，教師もその子らしさを再発見していきたい。

12.2　実践事例（計画，実践，評価）

(1) 単元の指導と評価の計画

① 単元名（内容のまとまり）

「自分　パワーアップ　作せん」（第2学年）【内容(9)「自分の成長」】

② 単元の目標

自分自身の生活や成長を振り返る活動を通して，過去と現在の自分を比べたり，自分と様々な人々の存在を関連付けたりし，自分ができるようになったことや心身の成長が分かり，様々な人々への感謝の気持ちと今後の目標をもって意欲的に生活ができるようにする。

③ 単元の評価規準

<table>
<tr><th colspan="2"></th><th>知識・技能</th><th>思考・判断・表現</th><th>主体的に学習に取り組む態度</th></tr>
<tr><td colspan="2">単元の評価規準</td><td>自分自身の生活や成長を振り返る活動を通して，自分が大きくなったこと，自分でできるようになったこと，役割が増えたことなどが分かっている。</td><td>自分自身の生活や成長を振り返る活動を通して，自分のことや支えてくれた人々について考えている。</td><td>自分自身の生活や成長を振り返る活動を通して，これまでの生活や成長を支えてくれた人々に感謝の気持ちをもち，これからの成長への願いをもって意欲的に生活しようとしている。</td></tr>
<tr><td rowspan="4">小単元における評価規準</td><td>1</td><td>①これまでの生活や学習を見つめ直す活動において，自分が大きくなったことや自分でできるようになったことが分かっている。</td><td></td><td>①自分の思い出から“すごい”を見付ける活動において，自分のことをもっと知りたいという思いをもって，自分の成長を振り返ろうとしている。</td></tr>
<tr><td>2</td><td>②自分の成長を見付ける活動において，調べる方法を自ら選択し，自分の内面的な成長やそれを支えてくれた人々の存在を分かっている。</td><td>①自分の成長を見付ける活動において，他者と共有しながら，過去の自分と現在の自分を比べながら，自分の成長を具体的に捉えている。</td><td></td></tr>
<tr><td>3</td><td></td><td>②自分の成長を表現する活動において，自分の生活や成長を支えてくれた様々な人と自分との関わりを振り返り，表現している。</td><td>②自分の成長を表現する活動において，自分の生活や成長を支えてくれた人々に感謝の気持ちをもち，意欲的に生活しようとしている。</td></tr>
<tr><td>4</td><td></td><td>③3年生までのパワーアップ計画を立てる活動において，自分の成長への願いをもち，これからの生活について表現している。</td><td>③3年生までのパワーアップ計画を立てる活動において，具体的な目標や見通しをもって，これからの生活に取り組もうとしている。</td></tr>
</table>

④ 単元について

本単元は，内容(9)「自分の成長」に基づくものであり，学習対象は自分自身の生活や成長である。

第1小単元は，学校生活に関わる学級の思い出を想起させ，その時々の自分の生活や学習を見つめ，自分ができるようになったことや学級や家庭での役割が増えたことに気付くようにし，自分のことをもっと知りたいといった意欲をもつために，「知識・技能①」，及び「主体的に学習に取り組む態度①」の評価規準を設定した。

第2小単元は，自分の成長を見付ける活動であり，自分の内面的な成長やそれを支えてくれた人々の存在に気付くことと，その過程で適切な方法を選択することを重視して「知識・技能②」を設定した。また，過去の自分と現在の自分を比べることができるよう，「思考・判断・表現①」を設定した。

第3小単元は，自分の成長について調べたことを表現し他者に伝える活動であり，自分の生活や成長と様々な人々の関連を考えることができ，周囲の人々への感謝の気持ちや生活への意欲を涵養するために「思考・判断・表現②」，及び「主体的に学習に取り組む態度②」を設定した。

第4小単元は，自分がもっと成長していくための計画を立てる活動であり，これからの生活について表現し，具体的な目標や見通しをもって行動する姿を重視して，「思考・判断・表現③」，及び「主体的に学習に取り組む態度③」を設定した。

学びのポイント
これまでの生活の中で，あなた自身がもっとも成長または変容したと思う時期や出来事を挙げて，その場面を絵や文章，身体で表現してみよう。

⑤ 単元の指導と評価の計画（17時間）

小単元名（時数）	○学習活動	評価規準	・評価方法
1. 自分の思い出を振り返ろう（3）	・学校生活に関わる写真や映像をみて，思い出を出し合う（1） ・自分の日記や制作物，写真等をみて，これまでにできるようになったことを振り返る（1）［指導の計画1］ ・自分の成長をカードに書き出し，グループや学級全体で紹介し，お互いのすごい（キラリ）を見付ける（1）	知① 態①	・発言分析，学習カードの分析 ・発言分析，学習カードの分析，日記の分析
2. もっと自分の成長を見付けよう（4）	・もっと自分の成長を見付けるための方法を決める（1） ・学校や家庭で自分の成長について，様々な人々にインタビューをしたり，記録を集めたりする（1）	知② 思①	・行動観察，発言分析，学習カードの分析 ・発言分析，学習カードの分析

	〈家庭との連携を行う〉 ・自分の成長について，グループで話し合い，学級で共有する（1） ・自分の成長と周囲の人々の支えを関連付ける（1）		
3. 自分の成長を伝えよう（7）	・どのような方法で，誰に伝えるかを決める（1） ・自分なりの方法で，自分の成長を表現する（3）［指導の計画2］ ・異学年交流や保護者参観において，作品を発表する（2） ・友達と紹介しあったことを踏まえて，自分の成長を整理する（1）	思② 態②	・発言分析，学習カードの分析，制作物の分析 ・行動観察，発言分析，学習カードの分析
4. 自分のパワーアップ作せんをつくろう（3）	・3年生の学習について，ミニ体験を行い，2年生までに学んだことで生かせそうなことを見付ける（1） ・3年生に向けて，自分のパワーアップ計画をつくる（1） ・自分のパワーアップ計画を学級で紹介し，行動に移す（1） 〈家庭との連携を行う〉	思③ 態③	・発言分析，学習カードの分析 ・発言分析，制作物の分析，日記の分析

(2) 指導の実際1：第2時「自分のことを見つめよう」

① ねらい

自分の生活や学習を振り返る活動を通して，自分のことに関心をもち，これまでにできるようになったことや大きくなったことに気付くことができるようにする。

② 指導の工夫と配慮

〈子供が自分のことに関心をもつための環境構成〉

子供が自分のことを主体的に振り返るためには，直接的な学習指導だけでなく，学級における学習環境づくりが大切である。例えば，掲示物によって，これまでの学校生活及び学習の過程や成果を子供たちに見えるようにし，子供が自分のことに目を向けるきっかけをつくりたい。自分の成長に関連した絵本を教室の後方に並べたり，読み聞かせたりして，学習に向けた状況を作り出すことも有用である。本実践においては，子供が自分のことに安心して向き合い，他者に伝えたいと思うことができる学級の雰囲気も大切になる。

〈情報機器の効果的な活用〉

情報機器の中でも，クラウドで子供の生活や学習の記録を計画的に保存していくと，一人一人に最適化された記録を作成することができ，自分の生活や学習を振り返るための根拠となる。学習指導において，教師は黒板や電子黒板，紙のノートとパソコン及びタブレット端末，といった従来の学習ツールと情報機器を目的に応じて使い分けることが必要である。低学年においても，タッチペンや指先を用いることで，子供自身が情報機器への文字入力を行うことは可能であり，計画的に活用していきたい。

③ 活動の様子

主な活動	◇教師の手立て　★評価（方法）
1　自分の生活や学習を振り返るというめあてを確認する。 自分の思い出を振り返ろう	◇前時で学級全体の思い出を出し合ったことを踏まえて，自分のことに注目できるようにする。
2　これまでの生活や学習に関して，自分の日記や制作物，写真を見る。 3　自分ができるようになったことや大きくなったことをペアーでお話しする。 4　次時は，自分の成長をテーマや時系列で整理するという見通しをもつ。	◇情報機器を活用し，子供が写真や記録を時系列に振り返ることができるようにする。 ◇子供同士がお互いのことを聞き合うことができる雰囲気を作り出す。 ★知①，態①（発言分析，学習カードの分析） ◇授業後にも活動が継続していくように声掛けをする。

④ 評価の方法と実際

子供が生活や学習の中でできるようになったことや大きくなったことは，子供によって，その幅や程度が異なる。例えば，縄跳びが好きな子供がいろいろな跳び方にチャレンジすることも，縄跳びが苦手な子供が自分の立てた目標回数を跳べるようになるといったことも，一人一人で異なる成長の過程として，教師や子供自身が尊重し認めることが大切である。子供同士を比較したり，教師が求める姿を押し付けたりせずに，その子の成長を見取ることが求められる。また，友達と比較し優劣をつけるのではなく，自分の過去のある地点と現在を比べることによって，その成長や変容を捉えている姿を大切にする。教師には，子供の成長を長期スパンで肯定的に理解していくことが求められる。また，子供が自分のことをもっと知りたいという思いや願いをもち，それを日常生活の中で追究し続けている態度を，教師は継続的に捉えていきたい。そのために，子供が家庭で作成する表現物は，子供の学習状況を評価するうえで重要な資料となる。エピソードを学級で紹介することで，子供同士の関わり合いを深めることも期待できる。ここでは，「知識・技能①」と「主体的に学習に取り組む態度①」を設定している。

(3) 指導の実際2：第9時「自分の成長を伝えよう」

① ねらい

自分の成長について見付けたことを，自分なりの方法で表現することができるようにする。

② 指導の工夫と配慮

〈子供の関心や特性に沿った個別最適な学習〉

自分の成長を伝えるといった活動では，伝えたい相手や行いたい活動が子供によって異なることが想定できる。例えば，他者に伝えるための表現についても，本単元に至るまでの各教科等の学習において，子供は多様な方法を活用した経験をもっており，子供が自らの目的に応じて，選択・決定していくことを大切にしたい。

〈子供の必要感に即した協働的な学習〉

他者と協働することは，子供の気付きを自覚化したり関連付けたりと，学習を深めるために有用である。しかし，それは子供が協働的な学習を行うことの必要感をもっていることが重要となる。協働で学習を行うタイミングを教師が見極め，学習指導を展開したい。子供が活動の中で，一人では解決できない問題（困りごと）に直面しており，かつ他の子供と一緒に活動したり交流したりすることで，学びが進展すると予想される場面が，そのひとつとなる。例えば，学級全体で聞き合いの機会を設定したり，類似した活動を選択した子供同士でグループをつくったりといった工夫が考えられる。グループを編成する場合には，安易に生活班としないことにも留意したい。

③ 活動の様子

主な活動	◇教師の手立て　★評価（方法）
1　本時のめあてを子供たちと確認する。	◇子供一人一人が各自のめあてを立てられるようにする。
2　前時の活動での困ったことを学級で共有する。	◇子供同士が聞き合い，お互いに助言をすることで，気付きが関連付くようにする。
3　伝え方が似ている友達と協力して，自分の作品をつくる。（絵本，デジタル紙芝居，コマーシャル，すごろく，劇など）	◇子供が選択した表現活動に応じて，グループをつくり，相談しながら活動が行えるようにする。 ★思②，態②（行動観察や発言分析，学習カードの分析）
4　今日できたことや困ったことを出し合う。	◇次時の活動に向けて，めあてをもつことができるようにする。

④ 評価の方法と実際

表現を中心にした時間では，その制作物は学習評価を行ううえで手がかりにもなる。それゆえ，思いや願いはもっているものの，文字や絵で表現がうまくできない子供も想定し，活動の表面的な姿から一面的な評価を行わないようにしたい。子供一人一人の特性に応じて，多様な表現方法を尊重することは，学習評価としても重要である。そして，製作物（絵本やすごろく，劇など）の出来映えよりも，そこに至るまでの子供の学習過程を製作物と結び付けて捉えることが必要である。作品づくりの中で，子供の発言を記録することや，活動の様子を撮影すること，各時間の学習カード等を用いて子供の振り返りを記録していくことも考えられる。子供の様子をエピソードに記録することも有用といえる。

子供が自分の生活や成長を支えてくれた様々な人と自分の関係性を捉えたり，自分自身のことを深く見つめ直したりしている発言や記述を大切にしたい。また，表現活動を通して，様々な人に感謝の気持ちを伝えたいと取り組む姿も大切である。本時においても，文章や絵で書いて，誰かに伝えたい，記録に残したいといった思いがもてる学習展開を行っていきたい。以上のことから，「思考・判断・表現②」と「主体的に学習に取り組む態度②」を設定している。

第4部

より豊かな学びを創造するために

第13章　幼保小の接続と生活科

13.1　幼保小接続の重要性とは

(1) 子供一人一人の発達や学びはつながっている

幼児教育と小学校教育の円滑な接続が重要であるといわれている。それは，子供の発達の段階に応じた教育を行うために必要な違いがあるからだ。義務教育開始前の5歳児は，遊びを中心として，頭も心も体も動かして様々な対象と直接関わっていく時期である。児童期は，学ぶということについての意識があり，集中する時間とそうでない時間の区別がつき，自分の課題の解決に向けて，計画的に学んでいく時期である。

しかし，このような違いがあっても，子供一人一人の発達や学びは幼児期と児童期ではっきりと分かれるものではなく，つながっているため，必ずしも合致しない場合がある。また，合致しない場合に，小学校入学当初の子供が，不安や戸惑い，悩みを抱え込むことにより，小学校での学習や生活に支障をきたすおそれがある。

このことから，子供が小学校でも安心して自己発揮できるために，幼保小の円滑な接続が重要であるといえるのである。

(2) 幼児期の終わりまでに育ってほしい姿を踏まえる

今回の学習指導要領の改訂では，幼児期の教育も「育成を目指す資質・能力」で整理された。そして，日々の遊びや生活の中で資質・能力が育まれている幼児の具体的な姿を「**幼児期の終わりまでに育ってほしい姿**[*1]」として明らかにした。

幼児期の終わりまでに育ってほしい姿を踏まえた指導を工夫することにより，幼稚園教育要領等に基づく幼児期の教育を通して育まれた資質・能力を踏まえて教育活動を実施し，児童が主体的に自己を発揮しながら学びに向か

＊1　幼児期の終わりまでに育ってほしい姿：「10の姿」とも言われている。(1) 健康な心と体，(2) 自立心，(3) 協同性，(4) 道徳性・規範意識の芽生え，(5) 社会生活との関わり，(6) 思考力の芽生え，(7) 自然との関わり・生命尊重，(8) 数量や図形，標識や文字などへの関心・感覚，(9) 言葉による伝え合い，(10) 豊かな感性と表現。

この「10の姿」は幼稚園教育要領，保育所保育指針，幼保連携型認定こども園教育・保育要領でも同じように記載されている。教師，保育者が指導を行う際に考慮するもので，個別に取り出されて指導されるものではないし，到達目標でもない。安心し，信頼できる園での環境の中で，5歳児の終わりまでに，こういう姿が見られることはあるという方向目標のようなものである。

うことが可能となるようにすることが求められている。具体的には，幼保小の先生方の意見交換や合同の研究の機会などを設け，「幼児期の終わりまでに育ってほしい姿」を共有するなど連携を図ることなどが考えられる。

(3) 生活科を中心とした低学年教育の充実を図る

2017年告示の小学校学習指導要領総則第2の4，学校段階等間の接続の項に，次のように示されている。

> 低学年における教育全体において，例えば生活科において育成する自立し生活を豊かにしていくための資質・能力が，他教科等の学習においても生かされるようにするなど，教科等間の関連を積極的に図り，幼児期の教育及び中学年以降の教育との円滑な接続が図られるよう工夫すること。特に，小学校入学当初においては，幼児期において自発的な活動としての遊びを通して育まれてきたことが，各教科等における学習に円滑に接続されるよう，生活科を中心に合科的・関連的な指導や弾力的な時間割の設定など，指導の工夫や指導計画の作成を行うこと。

このことから，生活科が，各教科等を横でつなぐとともに，幼児期の教育から低学年教育，3学年以降の各教科等にも縦にもつながっていくという，教育課程の重要な結節点の役割を担っていることがわかる。

生活科は，児童の発達上の特性を踏まえて誕生した教科であり，児童が心と体を一体的に働かせて学ぶ。そこには，各教科等が先にあるのではなく，子供が本気になって没頭する学習活動が存在する。したがって，国語科，音楽科，図画工作科はもちろんのこと，すべての教科等との関連を図り，指導の効果を高めていくことが求められている。生活科が，教育課程上の結節点であることを意識するとともに，児童の意識に沿った学習活動を展開することが大切である。生活科を中心に低学年教育の充実を図ることが欠かせない。

学びのポイント
幼児期の終わりまでに育ってほしい姿の（4）道徳性・規範意識の芽生えには，「友達と様々な体験を重ねる中で，してよいことや悪いことが分かり，自分の行動を振り返ったり，友達の気持ちに共感したりし，相手の立場に立って行動するようになる。また，きまりを守る必要性が分かり，自分の気持ちを調整し，友達と折り合いを付けながら，きまりをつくったり，守ったりするようになる」と書かれている。幼児教育では，きまりはつくったり守ったりしていたのに，小学校では，きまりはただ守るだけのものになっていないだろうか。例えば，「ろうかは歩きましょう」という学校のきまりがあった場合，どう投げかけるだろうか。話し合ってみよう。その際，他の幼児期の終わりまでに育ってほしい姿の内容も読んでみよう。

(4) 架け橋期の教育の充実を図る

家庭や地域の状況の違いを越えて，幼児教育施設の多様性を生かしながら，幼保小の協働により接続期の教育の充実を実現していくためには，未だ数多くの課題[*2]がある。

そこで，中央教育審議会初等中等教育分科会幼児教育と小学校教育の架け橋特別委員会から2023年2月27日に「学びや生活の基盤をつくる幼児教育と小学校教育の接続について～幼保小の協働による架け橋期の教育の充実

*2　数多くの課題として，家庭や地域による小学校就学前の子供の学びや成長の格差，障害のある子供や外国籍等の子供など，特別な配慮を必要とする子供への対応の増加，小学校低学年の不登校の子供の増加などが指摘されている。

～（審議のまとめ）」が出された。

架け橋期とは，5歳児から小学校1年生の2年間のことである。この2年間は，幼児期の教育と小学校教育とが意識的に協働して子供の発達や学びをつなぐことにより，生涯にわたる学びや生活の基盤をつくることが重要である。小学校においては，**架け橋期のカリキュラム**[*3]の実効性を高めるためにも，スタートカリキュラムの位置付けを再確認し，架け橋期のカリキュラムを踏まえた教育課程の編成・実施・改善を進める中で，スタートカリキュラムの充実を図ることが必要であると示されている。

＊3　架け橋期のカリキュラム：各地域において，「架け橋期のカリキュラム開発会議」を開催し，幼児期から児童期の発達を見通しつつ，5歳児のカリキュラムと小学校1年生のカリキュラムを一体的に捉え，指導方法の充実・改善に向けたカリキュラムを作成することが求められている。

13.2　スタートカリキュラムとは

(1) スタートカリキュラムの変遷を知る

① 第1ステージのスタートカリキュラム

小学校学習指導要領生活（2008年告示）の解説で，初めてスタートカリキュラムという言葉が使われた。当時，社会現象であった「**小1プロブレム**[*4]」などの問題を解決し，学校生活への適応を進めるものになるものと期待されていた。

＊4　小1プロブレム：入学したばかりの1年生で，集団行動がとれない，授業中座っていられない，話を聞かないなどの状態が数カ月継続すること。

② 第2ステージのスタートカリキュラム

「幼児期の教育と小学校教育の円滑な接続の在り方について（報告）」（2010年11月11日）が出された。適応指導ではなく，子供の生活の流れを意識し「ゼロからのスタートじゃない！」を合言葉にした「スタートカリキュラムスタートブック」（国立教育政策研究所　2015年1月）が全国の小学校，幼児教育施設に配付された。

③ 第3ステージのスタートカリキュラム

小学校学習指導要領総則（2017年告示）において，スタートカリキュラムの編成・実施に関わる規定がなされた。これを受け，国立教育政策研究所においては，「発達や学びをつなぐスタートカリキュラム～スタートカリキュラム導入・実践の手引き～（2018年）」が作成された。

学びのポイント

「困った子ではなく困っている子」と捉えられるか，話し合ってみよう。授業に集中できない子供がいたとき，どんな働きかけをしたらよいか，子供役と教師役になって，ロールプレイをしてみよう。子供の気持ちが分かるかもしれない。

(2) スタートカリキュラムで大切にしたいこと

① 小学1年生は，ゼロからのスタートじゃない！

「2017解説（生活）」では，「入学当初は，幼児期の生活に近い活動と児童期の学び方を織り交ぜながら，幼児期の豊かな学びと育ちを踏まえて，児童が主体的に自己を発揮できる場面を意図的につくることが求められる。それが，スタートカリキュラムであり，幼児期の教育と小学校教育を円滑に接続する重要な役割を担っている。」と記されている（p.62）。

3月までは，「なんでもできる年長さん」として，園のみんなから憧れの存在だった1年生。4月になると年齢的に一番下になり，赤ちゃん扱いされてしまうことがある。1年生は，園や家庭での遊びや生活を通して，多くのことを学んできている。「1年生はゼロからのスタートじゃない！」。たっぷりと学んできている子供たちであるという「発想の転換」が求められる。

② 子供の可能性を信じる

授業に集中できない子供がいたとき，「困った子でなく困っている子」と捉えたい。「出がけにお家の方とけんかしたのではないか」「担任の発問があいまいだったのではないか」「最初だけ担任と一緒にやったら，後は一人でできるのではないか」というように子供の視点に立って考えてみると支援の方法が見えてくる。

園長先生から「『考えないスイッチ』を入れないでね」と言われたことがある。「手は膝の上に置く」「指示されたことに従う」「姿勢よく行儀よく座って，先生の話を聞く」などの姿ばかりを褒められると，言われたことしかしない「考えないスイッチ」が入ってしまうという指摘だ。

まずは，「子供にきく」ことから始めたい。「園ではどうしていたの」「なんでそう思ったの」ときくと，子供は自分の経験を話し出す。そして，園と同じように安心して自己発揮できるようになる。また，**個に応じた環境の工夫**[*5]をすることで，教室が自分の居場所となっていく。

③ 生活科を中心に合科的・関連的な指導を行い，弾力的な時間割を設定する

園では遊びを中心として総合的に学んできた子供にとって「ここからは生活」「ここからは国語」などと分けるより，一連の活動の中に教科等の内容が溶け込んでいる方が学びやすい。例えば，生活科の学校探検で気付いたことなどを，言葉で表現したり，友達と伝え合ったりする学習活動の場合，国語科と合科的に指導することで，指導の効果を高めることができる。すべての単元を俯瞰できる単元配列表を作成して考えてみるのもよい。

入学当初の子供の発達の特性に配慮し，**生活リズムや思考の流れに合った時間割**[*6]を設定したい。10～15分程度の短い時間で時間割を構成したり，子

＊5　個に応じた環境の工夫：「令和の日本型学校教育（答申）」では，すべての子供たちの可能性を引き出すためには，個別最適な学びを充実することが必要であると示された。低学年の学習環境の構成こそが個に応じた指導（個別最適）のモデルといえる。

例えば，音声言語などの聴覚より視覚が優位の子供のために，黒板には文字だけでなく，視覚に訴える絵や写真を活用する。そうすることで，音声言語や文字言語だけでは内容や指示が十分に理解できない子供も迷わず活動できるようになる。また，個々が自分で選んで自由に活動できるようにするために，折り紙やカラーペン，廃材，絵本，カルタ，おはじきなどのコーナーを作る。教室の一角には，畳を敷き，クールダウンできるコーナーを設ける。

保育参観や引き継ぎなどで園に行った時には，園ではどのようなコーナーを設けているか見せてもらうと教室環境を整えるうえで大変参考になる。

＊6　生活リズムや思考の流れに合った時間割：例えば，横浜市立恩田小学校では，このように設定している。

- あそびタイム…友達と誘い合って自由に遊べる時間。緊張を和らげ，安心してスタートできる。
- なかよしタイム…安心を創る時間。一人一人が安心感をもち，担任や友

供が自分の思いや願いの実現に向けて，ゆったりとした時間の中で活動を進めていけるよう活動時間を設定したりするとよい。例えば，毎日15分ずつ「お話しよう～すきな○○～」を設定すると，複数の園から入学してきた子供にとって，一人一人の顔と名前と好きなことを知ることができ，楽しみな時間となる。

④ 新１年生を中心に全教職員で支える

「ランドセルはどうするの」「おはなししたいときはどうするの」など，1年生の教室は，はてなでいっぱいである。一人一人のはてなに答えてしまうのではなく「いいはてなだね。みんなにきいてみたら」と投げかけ，短冊に書き留めて黒板に掲示しておき，みんなで解決していくことが考えられる。

学校探検も子供の興味・関心を大切にして，自分の教室から徐々に同心円状に探検の場所を広げていくことで安心感を得ながら探検することができる。学校探検では１年生を取り巻く全教職員の理解が欠かせない。学校探検の意図や子供との関わり方，言葉かけの仕方などを伝え，「どうしたいの」と思いを引き出せる教師の姿勢について共通理解を図るようにしたい。実際の活動では，安易に２年生が案内する学校探検を行うのではなく，１年生自らがわくわくしながら学校を探検する活動を大切にしたい。

ここまで記してきた①～④を中心に，子供の姿をもとに，時期を捉えてスタートカリキュラムの実施について検証し，改善を図っていくようにしたい。その際，国立教育政策研究所が作成した「**スタートカリキュラムスタートブック**[*7]」の最終ページにある管理職対象チェックポイントなどを参考にするとよい。

はてなをみんなで解決していく経験は，子供にとっての「手応え」になる。この「手応え」は次の行動の意欲につながっていく。これは，資質・能力の三つの柱の一つである「学びに向かう力，人間性等」を育む。生活科の学習を中心として，みんなで考えることの楽しさやみんなと解決できたときの達成感を何度も味わうことができ，その経験が他教科等の学習にも生かされていく。スタートカリキュラムの期間が終わっても，「～をやってみたらいいんじゃない」「もっと～について考えたい」といった，子供が主体的に学び考える姿勢を大切にしたい。こうした取り組みが，架け橋期の教育を充実させ，一人一人の資質・能力を確かに育成することにつながっていくのである。

達に慣れ，新しい人間関係を築く。
・わくわくタイム…生活科を中心とした学習活動
・ぐんぐんタイム…教科等を中心とした学習活動

学びのポイント

学校探検で，鍵のかかっている部屋を見付けた子供たちは，鍵をあけてみたいと言い出す。どんなふうに問いかけたらいいだろうか。子供役と教師役になって，ロールプレイをしてみよう。子供の発言を待つ，聞く，認めることを意識して考えてみよう。

＊7　国立教育政策研究所（2015）「スタートカリキュラムスタートブック」：国立教育政策研究所のHPよりダウンロードできる。

参考資料

寳來生志子（2021）「実践しながら見直そう！スタートカリキュラム改善ブック」『せいかつ探検隊』創刊号，光村図書，pp.2-8（PDFを光村図書のHPからダウンロードできる）。

第14章 生活科における教師の役割と教材研究

14.1 生活科の役割―メタファーとしての「扇の要」―

生活科をイメージする際，しばしば用いられるメタファーに「扇(おうぎ)の要」という見方がある。主にUSB充電式のハンディファンを使用する人にとっては，手で持って煽(あお)ぐ扇子(せんす)を目にする機会やそれを使用した経験は少ないかもしれない。

図14-1　扇

図14-1にあるように，「扇」は，煽いで風をおこす「扇面」(地紙ともいう)と，扇の付け根からスポーク上に伸びる「中骨」，扇を閉じたときに両表紙を補強する「親骨」からなる。ハンディファンよりも軽量で，使用しない時には折りたたむことができ，持ち運びに便利である。色や大きさ，デザインも多種多様で，香(こう)をたいて香りを楽しむこともできる。扇子を開く仕草やそよそよと煽ぐ仕草にも文化を感じることができる。さらに，力の加減により風量を自分で調節できることはもちろん，自分にではなく，周りの人に向けて煽ぐことで周囲に「涼気」を生み出し，人への気遣いをみせることもできる。

このような扇子を「授業づくり」のメタファーとして捉えてみると，扇子は私たちに様々な示唆を与えてくれる。扇子を支える「中骨」は，授業づくりの中核にあたる「教科・領域」といえるだろう。一番外側で扇子を守る「親骨」は，良好な人間関係性を築く「学級経営」と居心地のよい教室となる「学習環境」ではないか。風を送る「地紙」は，教科・領域を表と裏の二面でつなぐものであり，表面は学校，家庭，地域での「子供の生活」であり，裏面は子供の学びの構造である「教育課程(学習指導要領)」に相当する。

ここまでじっくりと扇子を説明したうえで，改めて生活科という教科を捉えてみると，生活科は，上述の通り「親骨」と「中骨」を結びつける「要」にあたることがイメージできるだろう。すなわち，「要」の下部にあたる幼児教育から子供の成長を受け継ぐとともに，「要」を経て上部に伸びる様々な学年の教科・領域を結び付け，中学年以降の学びへと発展させる基として，生活科は，子供の学びと育ち，教育課程を土台で支える役割を果たしている。このように生活科を捉えると，生活科は「扇の要」として教育課程における重要な位置にあることが分かる。

14.2　生活科における教師の役割

生活科は，不思議な教科である。他の諸教科のように背景となる特定の学問や科学，芸術（いわゆる「親学問」）を擁しているわけでなく，小学校低学年にのみ配当され，生活をベースにした領域を横断する科目として幼児教育の原理も継承している。学問や科学が「客観」を原理に構成されているのに対し，生活科では，「自分との関わり」という主観的な観察や対象へのアプローチを重視する。**経験主義と系統主義**の間を橋渡しする役割を担っている点で，認識論にも通じている。

では，生活科における教師の役割は，どのように捉えられるのだろうか。生活科における教師の役割として，「気付き」を生かすこと，「内容」を組み合わせて単元を組むこと，そして学習評価を生かすことの三点から考えたい。

学びのポイント

教育課程の編成を大別すると，生活を重視する思想から単元を立ち上げる「経験主義」と，学問の論理性を重視する「系統主義」の二つがある（田中他，2023，pp.150-160）。

授業や単元づくりの際には，どちらか一つの方法を原理とするよりも，両者の長所を組み合わせることで有為な教育課程が編成される。子供の思いや願いを重視する生活科においては，経験主義の方に力点を置くことが多い。

経験主義と系統主義の授業例を仲間と考えてみよう。

(1)「気付き」は「知識」へと育つ芽として大切に育てる

生活科の評価の観点は，1989（平成元）年の創設時から「生活への関心・意欲・態度」「活動や体験についての思考・表現」「身近な環境や自分についての気付き」の三つの観点で捉えられてきた（下線は，筆者による）。2017 年の学習指導要領改訂による「資質・能力」の導入により，生活科独自の観点である「気付き」は，他教科・領域に合わせる形で「知識・技能」に変更された。

「気付き」は生活科特有の概念であるが，これが「知識・技能」の内の「知識」を継承していることに，ちょっとした違和感を抱く人は少なくないのではないか。「えっ，気付きは知識なの ?!」という疑問である。「私がそれに気付く」という主観的な理解である「気付き」が，客観性を伴う「知識」であると断言されることに一種の戸惑いを感じるのである。例えば，「ミミちゃんは，私が両手でつつむようにだくと，気持ちよくなってすぐにねちゃうんだよ」という子供の気付きを「知識」とすることに，ある種の抵抗感を感じるのではないか。

私たちが「知識」という言葉を用いる時，そこにはある種の客観性や科学性が前提とされていることが多い。そのため，「気付き」という主観的な対象把握を行うとき，この客観性や科学性の前提と矛盾するのである。2008年版学習指導要領解説には，「気付き」には「知的な側面だけではなく，情意的な側面も含まれる」(「2008解説(生活)」p.4)と記されている。「知的な側面」には客観的科学的な知識観があり，「情意的な側面」には主観的な対象把握が含まれる。この二つを「知的な面」と「情意的な面」に区分けしてしまうと，「気付き」は矛盾を含んだ概念になる。両者を切り結ぶ論理はどこにあるのだろうか。

生活科の「気付き」には，子供が自らの発見や論理として信じたい信念としての「事実」があり，その「信念としての事実」は，いかに客観的な事実や科学的な知見とかけ離れていようが，主体としてのその子にとっては，動かしがたい「事実」なのである。そのため，この主観的に捉えた「実感を伴った気付き」は，その子自身の内的な論理に従って構築された「知識」なのである。生活科では，この気付きとしての知識を，繰り返し対象と関わることで，気付きを更新させ少しずつ科学概念に近づいていくと考える。「気付き」は「知識」「概念」へと育つ芽だと理解して大切に育てたい。

学びのポイント

「気付き」には，自分以外の対象に向けられた「対象への気付き」と，自分自身の成長や変化を対象にした「自分自身への気付き」がある。また，気付きが深まるにつれて，「無自覚な気付き」から「感覚的な気付き」「実感を伴った気付き」「関係付けられた気付き」へと高まっていく。

「気付き」は，このような段階を経てより論理をもつようになり知識や概念に近付いていく。そのため，子供の気付きを見取る教師の目を身に付けるにはどうすればよいか話し合ってみよう。

(2) 単元の自然な流れの中に「内容」を位置付ける

多くの教科においては，学習指導要領に示された「内容」は，それ自体で一つの単元が構成されることが多い。例えば，3年の社会科の「地域の安全を守る働き」について取り上げる際には，消防署や警察署などの見学・調査を行い，並行して市の交通や公共施設等を取り上げることは少ないだろう。

これに対し生活科においては，複数の「内容」を自然な流れに位置付けて一つの単元で編成することがある。例えば，「内容(5) 季節の変化と生活」により，深まった秋の季節と関わり，それを味わう活動をたっぷり行った後で，集めた秋の自然物を用いた遊びやゲームを考案し，「内容(6) 自然や物を使った遊び」につながる活動を展開する。さらに，その遊びを他の学年や近隣の幼児に広げる活動を通して「(1) 学校と生活」や「(3) 地域と生活」の活動に移行していく。このように，生活科においては，一つの自然な単元の流れの中にいくつかの「内容」が埋め込まれて展開していくことがある。

このほかにも，生き物の飼育(内容(7))を通して，お世話をやり通した自分の成長に気付く（内容(9)）ことや，家庭での家族のためになる活動（内容(2)）を行った後で，そこで経験したこと考えたことを皆に伝える活動（内容(8)）を通して共有したりするなど，複合的に組み合わせることができる。

教師は，このような生活科の授業づくりにおいて，学校や子供の実態に合わせて柔軟な単元開発を行う役割をもっている。

(3) 評価における教師の役割

① 評価の視点

生活科の評価への向き合い方については，「長い目，広い目，確かな目」とたとえられることがある。「長い目」とは，一時間の枠や一つの場面だけなどの短期的視点で捉えるのではなく，単元全体や単元終了後の日常の姿も視野に入れるなど長期的な視点で，子供の変化や成長を捉えることである。「広い目」とは，多面的に子供の活動を捉えることである。おもちゃづくりの場面で「工夫できたか」という視点だけで子供を捉えるとその時点ではできなかったことがあるが，継続して工夫し続ける姿から粘り強く取り組む様子が観察できることがある。「確かな目」とは，評価の規準を明確にもつということである。単元および本時のねらいを視点にもち，そのねらいに即して子供の活動を捉える[*1]ということである。

② 多様な評価資料

生活科における子供の活動を評価する際，しばしば「子供が書く言葉の分量が少なくて評価しづらい」という声が聞かれる。確かに，生活科では入学後まもなく始まる活動もあり，文字を書くことが苦手な子供もいる。その場合，どのようにしたらよいのだろうか。

生活科の評価資料については，自分の思いや願いを文字で書くことの他にも，絵に描く，お話で伝える，動作にして伝える（動作化），絵日記で表現する等，多様な表現手法を用いて子供の意識や考えを表出させることができる。文字を書くことや絵を描くことが苦手な子には，個別に話を聞きに行き，感じたことを聞き出すことも有効である。

また，教師による子供の行動観察の記録も重要な評価資料となる。子供の発話や表情，活動の様子などを文字で書き残したり，映像に記録したりすることで，活動に取り組む子供の意識や思考を授業の事実として残すことができる。

＊1　教師が子供の活動を捉えることを「子供の姿の見取り」という。見取りとは，「子供の学びを捉え，解釈する教師の行為」であり，子供の「一つ一つの振る舞いから学習の状況を明らかにしていく」ことである（田村，2021, pp.76-88）。

低学年教育を担う生活科では，教師による積極的な見取りが子供の学びの意味を形作っていく。

③ 様々な評価場面

生活科の評価を行う機会は，授業中の活動だけではない。授業時間が終わっても，子供の意識の中では活動が継続していて，休み時間になっても続きの活動をし続ける子供は生活科の授業でしばしば見られるものである。

また，登校してすぐに自分のあさがおに水をやりに行く姿や，国語や道徳，など他教科・領域の授業の中で生活科の活動が話題に上ったり，宿題の自由日記に活動の様子を残したりするなど生活科授業以外の時間にも生活科の活動が根付き，継続している子供もいる。

①で述べた「広い目」の中には，このような授業以外の時間や場面で見せる子供の生活科への意識を読み取ることも含まれている。

14.3　生活科における教材研究

本稿の冒頭で「扇子」の構造や利点を紹介したうえで，それをメタファーとして生活科が「扇の要」にあたると述べた。これは，「扇子」という“材”(素材) の特徴を詳しく分析し，それがもつ意味と可能性 (教材性) を考察したものであり，一種の教材研究であると捉えることができる[*2]。

生活科において教材研究を行う際のポイントを三つの点から考えたい。

(1) 目の前の子供との関わりで“材”を捉える

生活科は，「一人一人の思いや願いを生かす」ことを原則にして学習活動が組み立てられる (「2017 解説 (生活)」p.78)。シャボン玉や飼育動物など，生活科授業で関わりの対象となる“材”は，出会わせ方や関わりの深まり方，さらに対象への気持ちの寄せ方や工夫のあり方まで子供一人一人異なっている。教材研究を行う際には，子供をこの“材”とどう出会わせるかなど教師の視点からのみ教材の分析を行うだけでなく，“材”と出会った子供がその“材”にどのような反応をするのか，予想される子供の反応を自分の学級の子供一人一人に即して想像してみたい[*3]。子供によって，対象への反応のあり方が異なることは多く，その多様な反応を予想することを通して教材のもつ様々な価値や可能性を拾い上げることができる。

(2) 地域の視点で“材”を捉える

生活科の教科目標には，「身近な人々，社会及び自然」という言葉が繰り

*2　本稿でいう“材”とは，授業づくり全般において使用される用語であり，教材として活用・加工される以前の一般物として，いわゆる「素材」に相当する概念である。使用する人や地域によって捉え方が異なるが，一般的に用いられる「素材」という語よりも，教材としての有効性・有用性について吟味する意味で使用されることが多い。

*3　無藤 (2007) は，「そのときの子供の様子を見ながら，教材の意味を考えていく」という「ボトムアップの教材分析」という考えを示している。これは，教材の意味は，子供と教材の関わりを通して掘り出されるものであるという考えであり，その教材の意味を子供との関わりから掘り出す教師の教材研究の重要性を示している。

返し用いられている。生活科では，教科創設以来一貫して「身近な」対象との関わりを重視している。学習指導要領解説には，「身近な」の意味として「児童の生活圏としての学校，家庭，地域」と示されている（「2017解説（生活）」p.9）。生活科の教材研究には，児童が生活する空間としての学校，家庭，と並んで，学校が立地する地域への視点が重要である。

「自分が住む地域にはどのような魅力をもった場がありますか？」と問われたら，皆さんはどのように答えるだろうか。この場合の「魅力」は，必ずしても地域の名所や人が集まる場所でなくても，子供の目線に立って子供の生活の一部となっている場所やそこへの経路，具体的には，お店や公園，通学路や遊び場への道等が挙げられる。一斉下校の下校指導などの機会に，子供と一緒に地域を歩きながら，子供がよく遊ぶ場所やよく通る道など，子供の目線に沿った地域像を把握しておきたい。

(3)「ひと・もの・こと・とき」の視点で“材”を捉える

生活科やその延長線上にある総合的な学習の時間などでは，子供に身近な関わりの対象を「ひと・もの・こと」と表現することがある。これに，季節や一日の時間を意味する「とき」という視点を加えて「ひと・もの・こと・とき」の視点で生活科の教材を捉えてみてはどうだろうか。

「ひと」は，交流や対話の相手であり，単元を通して関わることで親しみを感じたり，感謝の気持ちを抱いたりする。学級の仲間，校内の先生や家族はもちろん，登下校の安全を見守ってくださる人々や野菜作りを支えてくれる人，こども園・幼稚園等の先生や園児など，子供が活動を通して関わり合いを持つ地域の人々を含む。それらの人々の思いや願いに触れ，感謝の気持ちや自分たちの学びの跡を伝えたいという気持ちを持って主体的に関わる相手となる。

「もの」は，「見る，聞く，触れる，作る，探す，育てる，遊ぶ」などによって働きかける対象となるものである。生活科の教科目標にあるように「具体的な活動や体験を通して」直接対象に働きかける活動を行う。このような活動において工夫して作ったり，触れることで物の特徴をつかんだりして活動に生かしていく。牛乳パックやどんぐりなど身近な具体物の他にも，水，氷，雨，雪，風，光などの自然のものや，公園やお店などの地域の場も含まれる。

「こと」には，地域や学校の行事を生かす活動が含まれる。地域で行われるお祭りの発想を生かしておもちゃ祭りを行うことや，野菜の販売活動を行って，地域の人と交流する活動などが考えられる。「こと」には，上記のことやものを組み合わせて生かすことが多く，自分たちで考え，工夫して体験の場を作り上げる活動が含まれる。

「とき」の視点には，同じ場所でも季節によって見え方や感じ方が異なることや，時間が経過することで野菜が生長したりするなど，季節や時間とその変化に気付く点が挙げられる。また，一日の中でも太陽の光の当たり方が変わったり，ぬれた物が乾いたりするなど，時間によって対象に変化が生じることも気付きにつながる視点となる。この視点には，自分自身も「とき」の中でできることが増え成長していることにも気付く。

14.4　教師の人生を「生活科的生き方」で豊かに生きる

本稿の冒頭で「生活科＝扇の要」論を示した。「要」としての生活科は，重要ではあるが，その期間は2年と短い。教師としても，年度によって低学年から上学年の担任に変わるなど，継続的に生活科を実践できないことがある。にもかかわらず，生活科が示す世界は，私たちの教師人生を豊かにさせてくれる発想や経験に満ちている。身の回りのひと・もの・こと・ときにありのままに関わる子供たちの近くに身を置きながら，子供たちが示す新鮮な驚きや気付き，つぶやきを見つけ，その成長や変化，生き生きとした表情に触れられるのが生活科である。

子供から学ぶ教師は，常に成長し続けられる。私たち教師もどの学年の担任を務めても，自分自身が学び手として好奇心を発揮し，身の回りのひと・もの・こと・ときとの関わりを楽しみ，発見を喜ぶ生活を営むことはできる。教師としての人生を生きるうえで，生活科が教えてくれることは多い。自分の人生についても，生活科の発想を生かした「生活科的生き方」を実践することができれば，より豊かに学び，生活することができると信じている。[*4]

＊4 「生活科的生き方」は，次章で述べる「エージェンシー」の考え方につながっている。主体的に教師という職業に向き合う個人は，「教師エージェンシー」を発揮する姿であり，生徒を支える「共同エージェンシー」の一部である。

また，教師は，現代を生きる一人の個人として，自己のエージェンシーを発揮しながら人生を豊かに生きる主体でもある。「生活科的生き方」には，このような自己を生かし主体的に人生を切り拓く個の姿が映し出されている。

第15章 次世代の教育課程と生活科教育

15.1 地球規模の変革の時代と生活科

学びのポイント
高等学校までの総合的な学習（探究）の時間や教科の学習で，様々なグローバルな課題やSDGs等について学んできただろう。そこでは，自ら課題を設定したり，情報を集めたり，仲間と意見交換をしたりしながら，探究の学びが展開されてきた。生活科と総合的な学習は，どのようにつながっているのだろうか。「経験」をキーワードに考えてみよう。

私たちが生きる2020年代前半は，後の時代から振り返ったとき，人類の生活様式に大幅な修正を加えたターニングポイントとしての位置付けを与えられる時代になるかもしれない。思いつく要素を列記してみても，新型コロナウィルス感染症の世界的流行，ロシアによるウクラウナ侵略，ChatGPTをはじめとする生成系AIの急速な進展と実装化，急激な気温・海水温度の上昇とその生態系への影響など，様々なグローバルな課題が浮かび上がる。

2008（平成20）年に改訂された学習指導要領において，変化が激しく新しい状況や課題に対応する社会が到来しているとして「知識基盤社会」がキーワードとされた。この社会認識も10年を経た2017（平成29）年改訂の学習指導要領では，「将来の変化を予測することが困難な時代」とされ，将来を見据えた社会性を定義することすら困難な時代となっている。

脳科学者でデータサイエンティストでもある安宅和人は，あるオンラインのビジネス雑誌のインタビューで，人工知能（AI）と共存する社会について次のように述べている（武山，2023）。

> 「AIと共存する社会で求められるのは，意味のある問いを立てること。〔AIから－引用者〕出力された答えを正しく評価して，〔AIに〕さらに正しい指示につなげる，といった力だ。そうした能力を高める上では，情報を統合して理解・識別する『知覚』の深さと質が最も肝心だと思う。」（下線引用者，以下同じ）
>
> 「この『知覚』は経験から生まれる。新しいことを見聞きする経験や，人付き合いから得る経験，経験に基づく思索などを深めたりしない限り，『知覚』が広がることはない。」

安宅の言う「知覚」は，「思考」と読み替えが可能だと捉えられるが，氏は「意味のある問いを立てる」等の能力の重要性を指摘するとともに，その能力を高めるためには，情報を総合的に理解・識別する思考の深さ・質が必要であること，さらにその思考は，「経験から生まれる」と述べている。逆説的に思われるが，AIと共存する社会において価値ある教育とは，無尽蔵に人の知覚の許容量を超えて「爆増」する情報なのではなく，「真に価値のある情報を見分ける」思考（知覚）であり，「そこ〔知覚〕から問う力を養い，深い知的体験を得られるような教育だ」という（武山，2023; 安宅，2020, p.181）。

この指摘は，まさに生活科の原理と軌を一にしている。情報が人の許容量を超えて加速度的に増加する現代だからこそ，人としての深い知的体験に価値が生まれる。1989（平成元）年の生活科の誕生以来，30年にわたって段階的に構築されてきた生活科の原理や数多くの価値ある実践は，むしろこれからの時代において本質的な重要性をもつものと考えられる。

15.2 「学びの羅針盤2030」と生活科

2020年代以降の日本の教育課程を考えるうえで，OECDとの協力は極めて重要な要素となっている。

2000年に始まった国際学力調査事業（PISA：生徒の学習到達度調査）はもちろんのこと，1993年より継続的に「日本／OECDセミナー」を開催したり，東京学芸大学に次世代教育研究推進機構が設置されOECDとの共同研究が進められたりして，海図なき時代の教育の在り方を模索し，持続的に情報と研究成果を共有し，その成果が国の教育課程政策に反映されている。令和の時代の教育課程を考えるうえで，2019年5月に公表された「OECDラーニング・コンパス2030」（以下，「学びの羅針盤2030[*1]」）は，最もインパクトのあるプロジェクトになった。

「学びの羅針盤2030」は，不確実性の高い現代世界の中で，教育の望ましい未来像を描き出すとともに，その未来像を実現するために変化し，進化し続ける学びの枠組みを示している。「羅針盤」という言葉を選んでいるのは，生徒が教師や大人の指示や指導を無自覚に受け入れるのでなく，未知なる環境の中を自らの判断と力で歩み，自己の進むべき道を見いだす姿をイメージするためである（白井，2020, pp.75-77）。以下，学びの羅針盤2030より，いくつかの重要なキーワードを挙げ，生活科教育の文脈から捉えてみたい。

＊1　学びの羅針盤2030：
OECD Future of Education and Skills 2030 Projectと呼ばれるプロジェクトの一部である。同プロジェクトは，2015～19年の第1フェーズと2019～22年の第2フェーズからなるが，「学びの羅針盤2030」は，第1フェーズの報告書として「今日の子どもが成長し，よりよい未来を描くためにどのようなコンピテンシーが必要か」を明らかにするために開発された。

OECDの次のサイトに映像とともに紹介されている。“OECD FUTURE OF EDUCATION AND SKILLS 2030” https://www.oecd.org/education/2030-project/teaching-and-learning/learning/（最終閲覧日2024年3月1日）

(1) 生徒エージェンシー

「学びの羅針盤2030」は，「エージェンシー」「ウェルビーイング」「AARサイクル[*2]」などの様々な概念で説明されているが，その中心にあるのは学びの主体である「生徒エージェンシー（Student Agency）」である。エージェンシーとは，一人一人が自分自身と向き合い，学ぶ目的や人生の目標，将来のなりたい姿に向かって自主的・主体的に生活し，人生を歩む主体であるとイメージできる。もちろん，その一人一人は，決して孤立した存在ではなく，周囲の人や環境に支えられ，それらと関係を結びながら，自分の特性や個性を発揮して成長する主体である（白井，2020, pp.85-87）。

＊2 AARサイクル： ARサイクルとは，見通し（Anticipation），行動（Action），振り返り（Reflection）からなる学習プロセスである。

この生徒エージェンシーは，生活科で学ぶ子供をイメージするとわかりやすい。紙コップと輪ゴムを使って，カエルのようにぴょんと跳ぶおもちゃを作った子供は，「もっと高くとぶおもちゃにしたい」という願いをもって工夫をする。しかし，輪ゴムの数を増やすと紙コップがつぶれてしまい，どうしても思ったようにうまくいかない。こんな時，同じように紙コップと輪ゴムを使っておもちゃづくりをする友達に「どうやってつくったの」とアドバイスを求め，両者は，協力しておもちゃを作り始める。

このような生活科の一場面の中にも，生徒エージェンシーを発揮する子供の姿は認められる。

(2) 共同エージェンシー

「生徒エージェンシー」が，主体性を発揮して生きる個としての子供を示すのに対し，「共同エージェンシー（Co-Agency）」は，子供の活動を支え，影響を与えている子供の周りの人々である。具体的には，家族や友人，教師や地域の人々などであり，子供と直接的・間接的に関わり，相互に影響し合いながら子供の学びと育ちを見守る人や環境となっている。

生活科授業において，子供たちは，共同エージェンシーとなる人々に様々な場面で出会っている。例えば，学校たんけんでお話を聞かせてくれる先生や学校生活を支える人，野菜作りを手伝ってくれた地域の人々，家での生活を支えてくれる家族など，関わりのあるすべての人が共同エージェンシーであり，これらの人々や環境は，生活科の実践そのものに深く関わっている。

(3) ウェルビーイング

ウェルビーイング（well-being）とは，well（よい）と being（状態）を組み合わせた言葉で，心理的・身体的に満たされた状態を表す概念である。「学びの羅針盤2030」では，ウェルビーイングは，「私たちの望む未来」の姿であり，コンパス（羅針盤）を片手に現代の複雑な社会を心身ともに豊かに歩んでいく過程でもあり，そのような社会を作り出す集団的な目標でもある（白井，2020, p.63）。

2017年改訂の学習指導要領で生活科の教科目標に「生活を豊かにしていく」という文言が加えられた。「2017解説（生活）」によると，この文言は，「自分自身や身近な人々，社会及び自然が一層大切な存在になって，日々の生活が楽しく充実したり，夢や希望が膨らんだりすることである」とされる。ウェルビーイングは，このような子供の姿の中に見いだされる。

15.3 「個別最適な学び」と生活科

2019年4月，柴山文部科学大臣（当時）は，中央教育審議会に対し「新しい時代の初等中等教育の在り方」について諮問し，学校教育の未来像の検討を依頼した。18か月の議論を経て，2021年1月に「『令和の日本型学校教育』の構築を目指して」が答申された。「個別最適な学びと協働的な学びの一体的な充実」は，この答申の中核にある考え方である。

「個別最適な学び」を簡潔にまとめれば，個々の子供の特性や進度に応じて指導方法や教材等を柔軟に設定して学習を進める「指導の個別化」の側面と，子供の興味・関心等に応じて，一人一人に応じた学習活動や学習課題に取り組むようにすることで，自分に最も相応しい学習となるように子供自身が学びを調整する「学習の個性化」の側面がある（文部科学省初等中等教育局教育課程課，2021, pp.7-8）。

「個別最適な学び」の二つの側面は，生活科の見方・考え方[*3]に似た概念である。生活科の授業では，一人一人の興味・関心を手がかりにして，子供が自らの思いや願いを実現しようとして創造的に活動する姿が見られる。このような姿の中には，個別最適な学びを進める子ども，すなわちエージェンシーを発揮する子供の姿を見いだすことができる。

＊3　生活科の見方・考え方：第5章の側注＊3でも見方・考え方についてふれているが，ここでは生活科の見方・考え方をみてみる。生活科の見方とは，「身近な人々，社会及び自然を自分との関わりで捉えること」であり，考え方とは，「よりよい生活に向けて思いや願いを実現しようとすること」である（「2017解説（生活）」pp.10-11）。

15.4 次期学習指導要領の萌芽と生活科

小さな「つぼみ」でも，目をこらしてじっと見ていると様々なことに気付くことがある。これまで述べてきた「学びの羅針盤2030」のエージェンシーや「令和の日本型学校教育」の個別最適な学びという「つぼみ」をじっと見ていると，次期学習指導要領の萌芽のようなものが見えてくる。

2022年12月に中央教育審議会に一つの有識者検討会が立ち上がった。それが「今後の教育課程，学習指導及び学習評価等の在り方に関する有識者検討会（以下，検討会）」である。その設置趣旨には，「本有識者検討会では，（中略）今後の社会の変化を適切に見据えながら，今後の教育課程，学習指導，学習評価等の在り方について，必要な検討を行うこととする」と記され，2023年10月までに計8回の会合がもたれている。各回の資料や議事録については，文部科学省のHPで随時公開されている。この点は「開かれた教育課程」を実現する取り組みの一部と理解される。

以下，検討会における議論の中から，次期の学習指導要領の萌芽にあたる視点をいくつか取り出してみたい。

学びのポイント
どのような議論を経て，学習指導要領の原型ができあがっていくのか，ぜひHPに掲載された検討会議事録にさかのぼって読んでほしい。委員の人ひとりの発言の背景にある教育観や授業観が透けて見えるだろう。

(1) 教科の学びの質の問い直しというのが重要になってくる

「コンピテンシーベースは，必ずしもコンテンツフリーではなくて，教科の学びの質の問い直しというのが重要になってくる」

（第1回・石井委員）

「（現行の学習指導要領は－引用者）この教科の任務として，どんな資質・能力をどんな風に育てるのかという側から内容を見るという方向性での整理はなされていない。（略）資質・能力や見方・考え方の側から教科等の整理・再構造化を進めることが大事かなと思います」

（第4回・奈須座長代理）

体験を重視する生活科だからこそ，その活動や体験を通してどのような資質・能力を培うのかを問い続けてきた。そこでは，生活科固有の見方・考え方，すなわち身近な対象を自分との関わりで捉えることと，よりよい生活に向けて思いや願いを実現しようとすることが一層重要になる。

(2) スロー・ペダゴジーは，深く根源的な本質に深く集中・夢中になること

「最近，スロー・ペダゴジーという言葉があります。ファスト（ペダゴジー）でどんどん情報が加速化していく，そういう時代の流れの中で，逆にス

ローというのは，ゆっくりするということではなくて，深く根源的な本質に深く集中，夢中にできるような授業や学習がこれから求められている。この授業像を明確にしていくことが必要ではないか」

（第4回・秋田座長代理）

一斉指導の形で結論を端的に説明・解説していく「ファスト・ペダゴジー」に対して，体験によって夢中になる時間を保障し，対象への思考を深めていくことで気付きの質を高めていく生活科の学びは，まさに「スロー・ペダゴジー[*4]」と呼ぶにふさわしい。

*4　スロー・ペダゴジー：スロー・ペダゴジーは，A. クラーク（Alison Clark）らによって，主に幼児教育学において議論されている概念である。保育や教育の速度がますます加速する現代において，スロー・ペダゴジーは，子供の話に耳を傾け，自分らしく遊び活動するための「時間，ペース，リズム」を子供に返すものである。

(3) 少なく良質で高度な課題が深い学び，探究的な学びを保障する

「学びの変革は，学習における時間の質の変革だと考えています。授業時数を増やすというのではなく，少なく良質で高度な課題が深い学び，探究的な学びを保障する。」「今までの一時間の授業時数とか単元というところからもう少し大くくりや柔軟な発想が子供たちを学びやすくしていく」

（第4回・秋田座長代理）

生活科教育では，しっかりと対象にひたり込むために，1時間ごとに細分化された授業時間ではなく，幅をもった大くくりで柔軟な学習時間を確保することが多い。「学習における時間の質」とは，一人一人の児童の探究のペースに合わせることで得られる良質で深い学びの時間を指す。

(4) デジタル社会における体験の意義がもう一度議論されなければならない

「デジタルから教育課程へのインパクトということ。デジタルな社会における体験学習の位置づけ，意義づけということがもう一度議論されなければいけない。振り返ると，生活科が誕生した時期というのも，一つの大きな転換期だった。あの時期の議論が一つのたたき台になるのではないか」

（第4回・天笠座長）

本章の冒頭でも取り上げたデジタル社会における体験の意味について，天笠は，生活科の誕生期に言及し，その現代的な意義を問い直す発言をしている。生活科教育が強調してきた活動や体験に基づく学びは，加速度を増す現

代のデジタル社会における体験の意義を再構築する上で極めて重要な位置にある。

15.5 おわりに―生活科の未来地図―

本章では，地球規模の変革，学びの羅針盤2030，個別最適な学び，そして次期学習指導要領の萌芽と，次世代の教育課程の視点から生活科を俯瞰してきた。そこからは，教科の本質，エージェンシー，個別最適な学び，ウェルビーイング，デジタル社会における経験など，生活科の本質につながる様々な特徴が見いだされた。これらの特徴は，1989年の創設以来，生活科教育の中に内在していたものであり，それらは現在に至るまで継承され，日々の実践によって精緻化されている。その意味で，次世代型教育のパラダイムと生活科教育は，相互に関連し合い，ビジョンを共有する関係にあると考えられる。

生活科教育では，気付きとその質的な評価，思いや願いの実現，自分との関わりで対象を捉える視点など，他教科に先んじて高度で質的な次世代型の学びに取り組んできた。

2030年からさらに先の教育を見据え，これまで「生活科らしい」と考えられてきた価値や学び観が，低学年教育という枠を超えて普遍的な価値を帯びるようになるだろう。その中で生活科はどのような役割を果たしていくのか，生活科のこれからを考えるとわくわく感が止まらない。

引用・参考文献

Bandura, A. (1997). *Self-efficacy: the exercise of control*. Freeman, New York.

Barrett, L. F. (2017). *How emotions are made: The secret life of the brain*. Houghton Mifflin Harcourt. (＝高橋洋訳 (2019)『情動はこうしてつくられる―脳の隠れた働きと構成主義的情動理論―』紀伊國屋書店.)

Carson, R. (2017). *The sense of wonder*. Harper and Perennial. (Original work Published 1965)

Clark, A. (2022). *Slow knowledge and the unhurried child: time for slow pedagogies in early childhood education*. Taylor & Francis.

朝倉淳 (2018)『平成29年改訂小学校教育課程実践講座　生活』ぎょうせい.

安宅和人 (2020)『シン・ニホン―AI×データ時代における日本の再生と人材育成―』ニューズピックス.

ウィギンズ, G.・マクタイ, J.著, 西岡加名恵訳 (2012)『理解をもたらすカリキュラム設計―「逆向き設計」の理論と方法―』日本標準.

小塩真司編著 (2021)『非認知能力：概念・測定と教育の可能性』北大路書房.

神永典郎 (2018)「生活科の継承と刷新―自立し生活を豊かにしていく, よき生活者の育成を目指して―」日本生活科・総合的学習教育学会『せいかつか&そうごう』25, pp.8-17.

久保田賢一 (2000)『構成主義パラダイムと学習環境デザイン』関西大学出版部.

国立教育政策研究所 (2015)「スタートカリキュラムスタートブック」.

国立教育政策研究所 (2018)「発達や学びをつなぐスタートカリキュラム―スタートカリキュラム導入・実践の手引き―」.

国立教育政策研究所教育課程研究センター (2020)『「指導と評価の一体化」のための学習評価に関する参考資料　小学校　生活』.

佐伯怜香・新名康平・服部恭子・三浦佳世 (2006)「児童期の感動体験が自己効力感・自己肯定意識に及ぼす影響」九州大学大学院人間環境学研究院『九州大学心理学研究』7, pp.181-192.

櫻井茂男・大内晶子・及川千都子 (2009)「自ら学ぶ意欲の測定とプロセスモデルの検討」『筑波大学心理学研究 (Tsukuba psychological research)』38, pp.61-71.

澤井陽介 (2017)『授業の見方　「主体的・対話的で深い学び」の授業改善』東洋館出版社.

三宮真智子 (2008)「メタ認知を育む効果的な方法とは」丸野俊一編集『現代のエスプリ　【内なる目】としてのメタ認知』497, 至文堂, pp.174-181.

嶋野道弘 (1996)『生活科の子供論―1人1人が輝いて見えますか―』明治図書.

嶋野道弘 (2001)『総合的な学習の時間―アプローチから実践へ―』全国教育新聞社.

嶋野道弘 (2016)『学びの美学』東洋館出版社.

白井俊 (2020)『OECD Education 2030プロジェクトが描く教育の未来―エージェンシー, 資質・能力とカリキュラム―』ミネルヴァ書房.

須本良夫編著 (2018)『生活科で子どもは何をまなぶか―キーワードはカリキュラム・マネジメント―』東洋館出版社.

武山隼大 (2023)「安宅和人氏が語る『AI時代』こそ必要な"生体験"　―テクノロジーの賢人が語る『ChatGPT』と『教育』―」東洋経済オンライン, 2023年7月23日 (https://toyokeizai.net/articles/-/688133：最終閲覧日2024年1月15日).

田中耕治・水原克敏・三石初雄・西岡加名恵 (2023)『新しい時代の教育課程　第5版』有斐閣.

田村学 (2017)『カリキュラム・マネジメント入門』東洋館出版社.

田村学（2018）『深い学び』東洋館出版社.
田村学（2019）『「深い学び」を実現するカリキュラム・マネジメント』文溪堂.
田村学（2021）『学習評価』東洋館出版社.
田村学（2022）『「学習指導要領がめざす」子を育む！「ゴール→導入→展開」で考える「単元づくり・授業づくり」』小学館.
田村学編著（2020）『イラストで見る　全単元・全時間のすべて　生活　小学校２年生』東洋館出版社.
田村学編著（2022）『生活・総合の資質・能力の育成と学習評価』東洋館出版社.
中央教育審議会（2016）「幼稚園，小学校，中学校，高等学校及び特別支援学校の学習指導要領等の改善及び必要な方策等について（答申）」.
中央教育審議会（2023）「学びや生活の基盤をつくる幼児教育と小学校教育の接続について―幼保小の協働による架け橋期の教育の充実―（審議まとめ）」.
戸梶亜紀彦（2001）「『感動』喚起のメカニズムについて」日本認知科学会『認知科学』8（4），pp.360-368.
中田正弘（2020）「資質・能力を育む授業デザイン」中田正弘・稲垣桃子・酒井淳平・坂田哲人・矢野博之・山辺恵理子・山本剛己『ポジティブ＆リフレクティブな子どもを育てる授業づくり』学事出版.
中野重人（1992）『新訂　生活科教育の理論と方法』東洋館出版社.
日本生活科・総合的学習教育学会編（2020）『生活科・総合的学習事典』溪水社.
野田敦敬・田村学（2021）『学習指導要領の未来―生活科・総合そして探究がつくる令和の学校教育―』学事出版.
寳來生志子（2021）『せいかつ探検隊　創刊号』光村図書.
無藤隆（2007）『現場と学問のふれあうところ』新曜社.
文部科学省（2017）『小学校学習指導要領（平成29年告示）』.
文部科学省（2017）『小学校学習指導要領（平成29年告示）解説　生活編』（本書では，「2017解説（生活）」と略記）.
文部科学省（2021）「学習指導要領の趣旨の実現に向けた個別最適な学びと協働的な学びの充実に関する参考資料」.
文部科学省（2021）「GIGAスクール構想のもとでの生活科の指導について」（https://www.mext.go.jp/a_menu/shotou/zyouhou/mext_00015.html：最終閲覧日2024年1月15日）.
文部科学省・国立教育政策研究所　教育課程研究センター（2015）「スタートカリキュラムの編成の仕方・進め方が分かる　スタートカリキュラム　スタートブック」.
文部科学省初等中等教育局教育課程課（2021）『学習指導要領の趣旨の実現に向けた個別最適な学びと協働的な学びの一体的な充実に関する参考資料』（令和3年3月版）（https://www.mext.go.jp/content/20210428-mxt_kyoiku01-00014639_13.pdf：最終閲覧日2024年1月15日）.
文部省（1989）『小学校指導書　生活編』教育出版.
文部省（1991）『小学校生活科指導資料　指導計画の作成と学習指導』.
山内祐平（2020）『学習環境のイノベーション』東京大学出版会.
横山里沙・久保田瑞・古田真司（2011）「中学生における感動体験と自己肯定感の関連についての検討―学校適応と家族機能の影響に着目して―」東海学校保健学会『東海学校保健研究』35（1），pp.17-24.

資料

小学校学習指導要領（平成29年告示）（抄）

文部科学省，2017年

第5節　生活

第1　目　標

具体的な活動や体験を通して，身近な生活に関わる見方・考え方を生かし，自立し生活を豊かにしていくための資質・能力を次のとおり育成することを目指す。

(1)　活動や体験の過程において，自分自身，身近な人々，社会及び自然の特徴やよさ，それらの関わり等に気付くとともに，生活上必要な習慣や技能を身に付けるようにする。

(2)　身近な人々，社会及び自然を自分との関わりで捉え，自分自身や自分の生活について考え，表現することができるようにする。

(3)　身近な人々，社会及び自然に自ら働きかけ，意欲や自信をもって学んだり生活を豊かにしたりしようとする態度を養う。

第2　各学年の目標及び内容

〔第1学年及び第2学年〕

1　目　標

(1)　学校，家庭及び地域の生活に関わることを通して，自分と身近な人々，社会及び自然との関わりについて考えることができ，それらのよさやすばらしさ，自分との関わりに気付き，地域に愛着をもち自然を大切にしたり，集団や社会の一員として安全で適切な行動をしたりするようにする。

(2)　身近な人々，社会及び自然と触れ合ったり関わったりすることを通して，それらを工夫したり楽しんだりすることができ，活動のよさや大切さに気付き，自分たちの遊びや生活をよりよくするようにする。

(3)　自分自身を見つめることを通して，自分の生活や成長，身近な人々の支えについて考えることができ，自分のよさや可能性に気付き，意欲と自信をもって生活するようにする。

2　内　容

1の資質・能力を育成するため，次の内容を指導する。

〔学校，家庭及び地域の生活に関する内容〕

(1)　学校生活に関わる活動を通して，学校の施設の様子や学校生活を支えている人々や友達，通学路の様子やその安全を守っている人々などについて考えることができ，学校での生活は様々な人や施設と関わっていることが分かり，楽しく安心して遊びや生活をしたり，安全な登下校をしたりしようとする。

(2)　家庭生活に関わる活動を通して，家庭における家族のことや自分でできることなどについて考えることができ，家庭での生活は互いに支え合っていることが分かり，自分の役割を積極的に果たしたり，規則正しく健康に気を付けて生活したりしようとする。

(3)　地域に関わる活動を通して，地域の場所やそこで生活したり働いたりしている人々について考えることができ，自分たちの生活は様々な人や場所と関わっていることが分かり，それらに親しみや愛着をもち，適切に接したり安全に生活したりしようとする。

〔身近な人々，社会及び自然と関わる活動に関する内容〕

(4)　公共物や公共施設を利用する活動を通して，それらのよさを感じたり働きを捉えたりすることができ，身の回りにはみんなで使うものがあることやそれらを支えている人々がいることなどが分かるとともに，それらを大切にし，安全に気を付けて正しく利用しようとする。

(5)　身近な自然を観察したり，季節や地域の行事に関わったりするなどの活動を通して，それらの違いや特徴を見付けることができ，自然の様子や四季の変化，季節によって生活の様子が変わることに気付くとともに，それらを取り入れ自分の生活を楽しくしようとする。

(6)　身近な自然を利用したり，身近にある物を使ったりするなどして遊ぶ活動を通して，遊びや遊びに使う物を工夫してつくることができ，その面白さや自然の不思議さに気付くとともに，みんなと楽しみながら遊びを創り出そうとする。

(7) 動物を飼ったり植物を育てたりする活動を通して，それらの育つ場所，変化や成長の様子に関心をもって働きかけることができ，それらは生命をもっていることや成長していることに気付くとともに，生き物への親しみをもち，大切にしようとする。
(8) 自分たちの生活や地域の出来事を身近な人々と伝え合う活動を通して，相手のことを想像したり伝えたいことや伝え方を選んだりすることができ，身近な人々と関わることのよさや楽しさが分かるとともに，進んで触れ合い交流しようとする。
〔自分自身の生活や成長に関する内容〕
(9) 自分自身の生活や成長を振り返る活動を通して，自分のことや支えてくれた人々について考えることができ，自分が大きくなったこと，自分でできるようになったこと，役割が増えたことなどが分かるとともに，これまでの生活や成長を支えてくれた人々に感謝の気持ちをもち，これからの成長への願いをもって，意欲的に生活しようとする。

第3　指導計画の作成と内容の取扱い

1　指導計画の作成に当たっては，次の事項に配慮するものとする。
(1) 年間や，単元など内容や時間のまとまりを見通して，その中で育む資質・能力の育成に向けて，児童の主体的・対話的で深い学びの実現を図るようにすること。その際，児童が具体的な活動や体験を通して，身近な生活に関わる見方・考え方を生かし，自分と地域の人々，社会及び自然との関わりが具体的に把握できるような学習活動の充実を図ることとし，校外での活動を積極的に取り入れること。
(2) 児童の発達の段階や特性を踏まえ，2学年間を見通して学習活動を設定すること。
(3) 第2の内容の(7)については，2学年間にわたって取り扱うものとし，動物や植物への関わり方が深まるよう継続的な飼育，栽培を行うようにすること。
(4) 他教科等との関連を積極的に図り，指導の効果を高め，低学年における教育全体の充実を図り，中学年以降の教育へ円滑に接続できるようにするとともに，幼稚園教育要領等に示す幼児期の終わりまでに育ってほしい姿との関連を考慮すること。特に，小学校入学当初においては，幼児期における遊びを通した総合的な学びから他教科等における学習に円滑に移行し，主体的に自己を発揮しながら，より自覚的な学びに向かうことが可能となるようにすること。その際，生活科を中心とした合科的・関連的な指導や，弾力的な時間割の設定を行うなどの工夫をすること。
(5) 障害のある児童などについては，学習活動を行う場合に生じる困難さに応じた指導内容や指導方法の工夫を計画的，組織的に行うこと。
(6) 第1章総則の第1の2の(2)に示す道徳教育の目標に基づき，道徳科などとの関連を考慮しながら，第3章特別の教科道徳の第2に示す内容について，生活科の特質に応じて適切な指導をすること。

2　第2の内容の取扱いについては，次の事項に配慮するものとする。
(1) 地域の人々，社会及び自然を生かすとともに，それらを一体的に扱うよう学習活動を工夫すること。
(2) 身近な人々，社会及び自然に関する活動の楽しさを味わうとともに，それらを通して気付いたことや楽しかったことなどについて，言葉，絵，動作，劇化などの多様な方法により表現し，考えることができるようにすること。また，このように表現し，考えることを通して，気付きを確かなものとしたり，気付いたことを関連付けたりすることができるよう工夫すること。
(3) 具体的な活動や体験を通して気付いたことを基に考えることができるようにするため，見付ける，比べる，たとえる，試す，見通す，工夫するなどの多様な学習活動を行うようにすること。
(4) 学習活動を行うに当たっては，コンピュータなどの情報機器について，その特質を踏まえ，児童の発達の段階や特性及び生活科の特質などに応じて適切に活用するようにすること。
(5) 具体的な活動や体験を行うに当たっては，身近な幼児や高齢者，障害のある児童生徒などの多様な人々と触れ合うことができるようにすること。
(6) 生活上必要な習慣や技能の指導については，人，社会，自然及び自分自身に関わる学習活動の展開に即して行うようにすること。

索　引

た行

な行

は行

ま行

や行

ら行

わ行

【編著者紹介】

田村　学（たむら　まなぶ）
國學院大學人間開発学部初等教育学科教授　文部科学省視学委員
新潟県公立学校教諭，上越教育大学附属小学校教官，柏崎市教育委員会指導主事，国立教育政策研究所教育課程研究センター教育課程調査官，文部科学省初等中等教育局教育課程課教科調査官，文部科学省初等中等教育局視学官を経て，2017 年より現職。日本生活科・総合的学習教育学会会長，中央教育審議会架け橋特別部会臨時委員，産業構造審議会臨時委員など。
主な著書：『「思考ツール」の授業』（共著，小学館，2013 年），『深い学び』（東洋館出版社，2018 年），『「深い学び」を実現する　カリキュラム・マネジメント」（文溪堂，2019 年），『学習評価』（東洋館出版社，2021 年），『生活・総合　資質・能力の育成と学習評価』（編著，東洋館出版社，2022 年），『探究モードへの挑戦』（共編，人言洞，2022 年）など多数。

実践・小学校生活科指導法

2024 年 3 月 30 日　第 1 版第 1 刷発行

編著者　田村　　学

発行者　田中　千津子
発行所　株式会社　学 文 社

〒153-0064　東京都目黒区下目黒3-6-1
電話　03（3715）1501 ㈹
FAX　03（3715）2012
https://www.gakubunsha.com

印刷　新灯印刷
Printed in Japan

ISBN978-4-7620-3288-2